W0386266

LE PAPE FRANÇOIS

Je crois en l'homme

Conversations avec Jorge Bergoglio

par Francesca Ambrogetti et Sergio Rubin

Traduit de l'espagnol (Argentine)
par Claude de Frayssinet, Claire Lamorlette
et Claude Murcia

Avant-propos d'Henri Madelin, sj.

Flammarion

Titre original :
El Papa Francisco. Conversaciones con Jorge Bergoglio
(Initialement publié en Argentine sous le titre : *El Jesuita. Conversaciones con el cardenal Jorge Bergoglio, sj.*)
© Sergio Rubin – Francesca Ambrogetti, 2010
© Ediciones B, Argentina, S.A., 2010, Javier Vergara Editor, Buenos Aires, Argentina
www.edicionesb.com.ar
Publié en accord avec Ediciones B, S.A. (Espagne)
www.edicionesb.es
© Flammarion, Paris, 2013, pour l'édition française
En accord avec l'International Editors' Co Agency, Barcelone
ISBN : 978-2-0813-0851-0

Avant-propos

Un jésuite argentin est devenu pape

Du temps de la Guerre froide, l'audace d'un conclave a permis, en 1978, d'élire un pape polonais sous le nom de Jean-Paul II. C'était raccorder les deux poumons de l'Europe et provoquer un dégel irréversible dans un empire soviétique soumis à une interminable glaciation. On le vit en 1989 quand s'effondra le mur de Berlin.

En 2013, le choix des cardinaux s'est porté sur un jésuite venu d'Argentine, un pays émergent qui a traversé une série d'épreuves et subi une dictature militaire implacable, puis une rechute dans la pauvreté, comme bon nombre de pays qui deviennent, dans le soi disant ordre mondial, des pays fragilisés et humiliés face à des pays insolemment riches. Éternel face-à-face entre publicains et pharisiens au sein de chaque nation et à l'échelle de la confrontation internationale. Cette élection d'un pape argentin confirme que le centre de gravité de l'Église romaine s'est déplacé, depuis l'effondrement de l'Union soviétique, vers l'Est européen et, aujourd'hui, vers l'hémisphère Sud. Nous en avons une preuve supplémentaire puisque plusieurs millions de jeunes seront présents au Brésil en juillet 2013 pour les Journées mondiales de la jeunesse. C'est ce qu'a souligné subtilement dès son élection le nouvel évêque de Rome en déclarant depuis le balcon de la place saint-Pierre, devant la foule accourue de toutes parts : « Comme vous le savez, pendant le conclave, on choisit l'évêque de Rome. On dirait que mes frères cardinaux sont allés le prendre presque au bout du monde. »

Le nouveau pape descend d'immigrés italiens et parle la langue de Dante. Maigre consolation pour les Italiens. Car, s'il a été élu, c'est en raison des divisions « claniques » de l'épiscopat de la péninsule. En outre, de nombreuses délégations venues à Rome pour le conclave reprochaient aux Italiens le mauvais fonctionnement de la Curie, dont la renonciation de Benoît XVI serait une des conséquences. Le conclave était à la recherche d'un homme aux fortes convictions spirituelles, à la volonté bien trempée, familier des questions pastorales et représentatif des pays émergents. L'Esprit a conduit les cardinaux électeurs vers un jésuite, original dans sa façon de faire, pétri de la spiritualité de saint Ignace et des disciplines qu'elle engendre, enraciné dans cette Argentine dont la latinité demeure singulière. Un homme qui est à la fois lecteur de Dostoïevski et de son compatriote Borges et amateur du septième art, des grands classiques italiens au *Festin de Babette*, ce remarquable révélateur des passions profanes et des aspirations religieuses. Un homme qui n'échappe pas non plus à l'attrait du football, héritage des émigrants venus d'Italie et culture populaire capable de faire vibrer les foules du continent sud-américain.

Le père de Jorge Mario Bergoglio, venu du Piémont dans les années 1920, s'était installé à Flores, un quartier populaire de Buenos Aires. Jorge, né en 1936, était le quatrième fils de la famille ; il devint un passionné du San Lorenzo, un club de football fondé au début du XXe siècle par un prêtre qui lui avait donné son nom et ses couleurs, jaune et bleu, pour rappeler celles de la Vierge. Peu prolixe en confidences sur sa vie personnelle, l'enfant de Flores a souvent dit sa fierté de n'avoir pas manqué un seul match de championnat depuis 1946.

Le futur pape allait à l'école publique. La famille n'était pas riche. Le père était comptable et la mère, une femme au foyer qui a élevé cinq enfants. Il entreprit des études de chimie et travailla quelque temps dans un laboratoire. Mû par un appel à devenir prêtre, il commença par aller au séminaire diocésain puis, au bout d'une année, entra au noviciat des jésuites. Plusieurs membres de sa famille l'imiteront et deviendront jésuites à leur tour.

Que lui a apporté ce choix – devenir disciple de saint Ignace ? Avant tout, une solide formation humaine et le désir de prendre du temps pour apprendre à exprimer, dans une langue audible, les réalités de la foi à l'aide de concepts philosophiques et théologiques.

La Compagnie de Jésus l'enverra au Chili, en Espagne, en Allemagne et dans diverses résidences du nord au sud de l'Argentine, jusqu'à Cordoba, à sept cents kilomètres à l'ouest de Buenos Aires, ou à San Miguel, dans la banlieue de la capitale, pour étudier, enseigner, diriger. Tant il est vrai qu'un jésuite doit savoir faire fructifier ses talents, perçus comme un don de Dieu, et annoncer aux hommes de notre temps les voies de la sagesse, de la sainteté et de l'amour. Entendre, en somme, les appels de Dieu, les discerner et y répondre. Ce qu'il a reçu, le disciple d'Ignace doit le transmettre de la manière la plus appropriée.

Jorge devient maître des novices à trente-six ans puis, un an plus tard, reponsable de la province d'Argentine. Ce furent des années difficiles. Les jeunes générations se décourageaient souvent, et la sécularisation ambiante les incitait à quitter les chemins de la vie religieuse. La politisation des esprits conduisait à des luttes idéologiques éprouvantes et à des polémiques stériles sur la place publique.

En cette période de jeunesse, le futur archevêque de Buenos Aires ne se réclame pas de la « théologie de la libération » qui fait florès. Il apprend à écouter, à conseiller les esprits déroutés, à trancher dans le vif, à apprécier les effets d'une prière intense, à recourir à des dévotions pieuses pour calmer l'effervescence des esprits. Les actes qu'il a posés à cette époque expliquent la polémique sur son comportement durant la dictature militaire. Il avait contre lui les compromissions de certains évêques, notamment la complaisance lamentable de l'évêque aux armées. En Argentine, le mouvement de résistance en faveur des droits de l'homme n'a pas eu la netteté de celui qui naquit, lucide et courageux, à Santiago du Chili et au Brésil. La conclusion qu'en a tirée le futur élu du conclave est que l'Église doit être exemplaire dans le soutien aux pauvres.

Chacun doit également se garder, avec le secours de Dieu, de tomber dans la coquetterie des vanités, les boursouflures de l'orgueil et la séduction des richesses. Lui-même, lorsqu'il est devenu archevêque de Buenos Aires, a décidé de mettre sa vie en conformité avec ses paroles : choix d'un logement hors du palais épiscopal, refus des services d'un chauffeur, utilisation des transports en commun pour ses déplacements, aide fraternelle aux prêtres envoyés dans les bidonvilles, soutien aux curés menacés de mort en raison de leur opposition aux narcotrafiquants. Il a fait de la lutte contre la pauvreté un de ses combats favoris. Il a épousé « dame pauvreté », comme François d'Assise, qu'il a choisi comme patron de référence lorsqu'il a pris place au milieu des « ors du Vatican ».

Ce faisant, il donne consistance au choix de la congrégation des jésuites en 1975, résumé dans le décret « Foi et Justice ». La Compagnie de Jésus entendait par là soutenir les comportements de ceux qui, en Amérique latine surtout, mais aussi ailleurs, affirment que, en ces temps d'accumulation d'injustices sociales dans les pays les plus démunis de la planète, la pratique de la justice doit aller de pair avec la proclamation de la foi. La déchristianisation des masses en Europe s'est accélérée au moment de la Révolution industrielle. Les campagnes se vident, les villes grossissent, enfants, jeunes, femmes et hommes sont embauchés pour des salaires de misère et privés du droit de se syndiquer. Ce sont des exemples à méditer pour le futur du catholicisme dans les pays du Sud, afin de ne pas les répéter.

En Argentine, l'archevêque, devenu cardinal, n'était pas un adepte de la symbiose des pouvoirs politiques et ecclésiaux. Très vite, il est apparu comme la seule véritable force capable de s'opposer au régime Kirchner, montant sans cesse au créneau par voie de presse, en se déplaçant sur le terrain, et dans ses prédications contre les inégalités sociales criantes et les lois promouvant l'avortement ou le mariage homosexuel. Cependant il a su poser des gestes de pardon et de réconciliation ; et le jour de la mort de Nestor Kirchner, il a appelé à mettre au vestiaire les armes politiques. Aux obsèques de ce dernier, il a élevé la parole pour dire : « N'oublions pas que nous sommes ici afin de prier pour un homme nommé Nestor, qui avait reçu l'onction du peuple. »

Comment expliquer que le cardinal Jorge Mario Bergoglio, deux-cent soixante-sixième pape depuis saint Pierre, soit le premier jésuite à connaître cette consécration ? Redécouverte de l'importance de la spiritualité pour gouverner dans un monde asservi à un matérialisme pesant ? Constat que dans les pays émergents, les évêques jésuites, ressortissants de ces territoires, sont proportionnellement plus nombreux que dans les pays du premier monde ? Hommage rendu au rôle des religieux qui ne ménagent pas leur peine, et depuis plusieurs siècles, dans leur travail d'évangélisation ? L'Amérique dont vient Mgr Bergoglio est qualifiée de « latine ». C'est dire tout ce qu'elle doit à l'immigration de catholiques venus d'Europe et au mouvement d'évangélisation qu'elle connaît depuis le XVIe siècle. Avec d'autres religieux, les jésuites y ont pris une part non négligeable. Qui ne se souvient du film *Mission* qui traduisait en musique et en images l'épopée de la mission jésuite auprès des Guaranis ? Celle-ci a réussi à contrer le mépris des Européens pour ces peuples, à leur apporter le message chrétien et à leur fournir les outils de leur émancipation. L'Argentine est un des pays qui gardent des traces ineffaçables de cette immense aventure pour la gloire de Dieu et la dignité des Guaranis : étonnante épopée qui a perduré pendant cent cinquante ans, avant d'être anéantie par des rivalités sanglantes entre royaumes « très chrétiens » par conquistadors interposés.

L'élection de l'archevêque de Buenos Aires au pontificat montre qu'une page se tourne. Derrière l'Argentine se profile l'ombre de tout un continent. Le président Barack Obama l'a bien compris, qui a salué le « premier pape des Amériques ». Les fidèles catholiques sont plus d'un milliard sur la planète, et l'Amérique latine en compte plus du tiers. Sur ce dernier continent, le mouvement de migration va du sud vers le nord. Les Hispaniques, par vagues successives, s'installent aux États-Unis. Ils en modifient peu à peu la figure, comme on l'a vu au cours du vote de la dernière élection présidentielle outre-Atlantique. Ils bouleversent l'image du catholicisme nord-américain. Ils sont désormais la première « ethnie » et représentent déjà plus de 40 % des fidèles catholiques dans ce pays. Mais ils demeurent pauvres, et leur insertion dans cette société dont ils ne possèdent pas les codes est difficile. Ils sont, plus que d'autres, happés par les courants sectaires qui répondent à leurs besoins affectifs et leur offrent des services concrets. Ces poussées évangélistes sont nombreuses aussi dans cet autre Sud que représente l'immense Brésil, où le pourcentage des baptisés catholiques décroît à vive allure.

Cela oblige les Américains du Sud, comme ceux du Nord, à réorienter leur pastorale sur le terrain. Nul doute que le pape François encouragera à de nouveaux infléchissements dans les « méthodes » d'évangélisation. Il s'en est expliqué dans un entretien accordé l'an passé au journaliste italien Andrea Tornielli : « Nous allons dans les parcs, nous prions, nous organisons des messes, nous baptisons des gens après une courte préparation. Nous devons éviter la maladie spirituelle d'une Église qui serait enfermée dans son propre monde. »

Comment ne pas y voir l'annonce d'un programme ? Soyons persuadés que le pape François, fort des expériences antérieures que raconte ce livre, ne s'occupera pas seulement de la réforme de la curie.

Henri Madelin, sj.

Chapitre premier

La grand-mère Rose et son manteau à col de renard

Il faisait très chaud ce matin de janvier 1929 quand la famille Bergoglio débarqua dans le port de Buenos Aires. Leur arrivée ne passait pas inaperçue car, à la tête du groupe, marchait une femme élégante vêtue d'un manteau à col de renard, certes magnifique, mais totalement inadapté à l'été suffocant et humide de la capitale. Ce n'était pas une étrange lubie de sa propriétaire, le fait est qu'à l'intérieur du col, Rosa Bergoglio cachait le produit de la vente des biens que la famille possédait en Italie, argent sur lequel elle comptait pour commencer sa nouvelle vie en Argentine. Les membres de la famille Bergoglio avaient réservé des billets pour voyager depuis Gênes sur le navire *Principessa Mafalda*, tristement célèbre puisqu'il effectuerait sa dernière traversée ; à la suite d'une avarie, sa coque fut transpercée et il coula au nord des côtes du Brésil, faisant des centaines de morts. Les démarches avaient duré plus que prévu, une circonstance qui leur sauva probablement la vie. Ils avaient fini par embarquer sur le *Giulio Cesare.*

Ils étaient originaires du nord de l'Italie, du Piémont, d'un village appelé Portacomaro. Ils laissaient derrière eux un continent où les plaies de la Première Guerre mondiale n'étaient pas encore cicatrisées et où l'on commençait déjà à craindre qu'un second conflit n'éclate. Ils arrivaient dans un pays éloigné des guerres et des problèmes économiques agitant l'Europe, un pays qui offrait un potentiel de travail apparemment inépuisable, de bons salaires, une possibilité d'accéder à l'éducation pour tous et une grande mobilité sociale. En d'autres termes, ils débarquaient dans un pays où régnaient la paix et le progrès. À la différence de la plupart des immigrants qui, à leur arrivée, allaient se loger dans l'emblématique « Hotel de los Inmigrantes », près du port, les Bergoglio poursuivirent leur voyage jusqu'à la capitale de la province d'Entre Ríos, Paraná, où les attendaient certains membres de la famille.

Les origines de la famille du cardinal, son arrivée dans le pays, le souvenir de ses parents et son enfance font partie des sujet abordés lors de notre première rencontre avec Jorge Bergoglio, dans la salle d'audience de l'archevêché de Buenos Aires, lieu qui serait dorénavant celui de tous nos entretiens. Nous commençâmes à lui poser les premières questions et les souvenirs ne tardèrent pas à surgir : le voyage évité sur le *Principessa Mafalda*, l'arrivée au port de toute la famille – son père était alors âgé de vingt-quatre ans –, l'histoire de sa grand-mère et son col de renard, leurs débuts dans la capitale de la province d'Entre Ríos…

« Pour quelle raison votre famille a-t-elle émigré en Argentine ?

— Trois frères de mon grand-père y vivaient depuis 1922, ils avaient monté une entreprise de carrelage à Paraná. Ils y avaient fait construire le palais Bergoglio, haut de quatre étages, la première maison de la ville à posséder un ascenseur. La maison était couronnée d'une coupole, très belle, qui ressemble à celle de la confiserie El Molino de Buenos Aires, qui par la suite a été enlevée. Chaque étage était habité par un des frères. Avec la crise de 1932, ils se sont retrouvés sans le sou et ils ont été obligés de vendre jusqu'à la crypte familiale. Un grand-oncle, le président de la société, était mort d'un cancer, un autre a recommencé à zéro et les affaires ont très bien marché pour lui, le puîné est parti au Brésil et mon grand-père a emprunté 2 000 pesos pour acheter un magasin. Papa, qui était comptable et qui, dans l'entreprise de carrelage, travaillait pour la partie administrative, l'aidait à distribuer de la marchandise avec un panier, jusqu'à ce qu'il trouve un emploi dans une autre entreprise. Ils ont recommencé leur vie avec le même naturel que celui dont ils étaient pourvus à leur arrivée. Je crois que cela démontre la force de la race.

— Vous viviez mal en Italie ?

— À vrai dire, non. Mes grands-parents possédaient une confiserie, mais ils voulaient venir ici pour retrouver certains membres de la famille. Ils étaient six en tout et deux sont restés en Italie, un frère et une sœur.

— Le désir de conserver la famille unie est une conception très européenne et, en particulier, très italienne…

— C'est vrai. En ce qui me concerne, je suis celui qui a davantage assimilé les coutumes parce que j'ai beaucoup vécu dans le giron de mes grands-parents. Quand j'avais treize ans, maman a accouché de mon deuxième frère – nous sommes cinq enfants en tout. Mes grands-parents habitaient juste à côté et, pour aider maman, ma grand-mère venait me chercher le matin, m'amenait chez elle et me ramenait l'après-midi. Entre eux, ils parlaient le piémontais, une langue que j'ai apprise. Ils nous aimaient beaucoup, mes frères et sœurs et moi, cela va de soi, mais moi, j'ai eu le privilège de partager la langue de leurs souvenirs.

— Vos aînés ont-ils souffert de nostalgie ?

— Je n'ai jamais vu un quelconque signe de nostalgie chez papa ; ce sentiment ne lui était pas étranger et ce n'est pas pour rien qu'il le refusait. Il ne parlait jamais piémontais avec moi, par exemple, uniquement avec les grands-parents. C'est un sentiment qu'il maintenait clos en lui, qu'il avait laissé derrière ; il préférait regarder devant. Je me souviens qu'un jour je répondais, dans un italien passablement défectueux, à une lettre qu'un professeur de papa m'avait envoyée au séminaire. Je lui ai demandé comment on écrivait un certain mot et j'ai pu déceler une légère impatience. Il m'a répondu rapidement, comme pour en finir au plus vite, et il est parti. Il semble qu'ici il ne voulait pas parler de la vie de là-bas, même s'il en parlait avec mes grands-parents.

— On dit que Buenos Aires ne regarde pas en direction du fleuve parce que la ville a été construite, en grande partie, par des immigrants qui ont souffert du déchirement du départ et de l'exil ; ils préféraient l'orienter vers la pampa, qui était le signe du futur.

— L'origine du mot nostalgie – du grec *nostos algos* – marque le désir de retourner en un lieu, c'est de cela que parle l'*Odyssée*. Elle a une dimension humaine. Ce que fait Homère à travers l'histoire d'Ulysse, c'est marquer le chemin du retour au sein de la terre, au sein maternel de la terre qui nous a donné la lumière. Je crois que nous avons perdu la nostalgie en tant que dimension anthropologique. Mais nous l'avons également perdue quand il s'est agi de porter notre enseignement sur la nostalgie du foyer, par exemple. Lorsque nous mettons les personnes âgées dans les hospices, avec trois petites boules de naphtaline dans la poche, comme s'il s'agissait d'un manteau ou d'une cape, on peut dire que notre dimension nostalgique est en quelque sorte malade parce que, retrouver les grands-parents, c'est renouer avec son passé.

— Une nécessité propre à tous les immigrants…

— Certainement. Tout immigrant, pas seulement italien, affronte ce type de tension. Un grand maître de la nostalgie, le poète allemand Friedrich Hölderlin, a dédié une belle œuvre à sa grand-mère, à l'occasion de ses soixante-dix-huit ans, qui commence ainsi : « Tu as vécu bien des choses… ô grand-mère… tu as vécu bien des choses… », et se termine par : « Que l'homme ne trahisse pas ce qu'il t'a promis, enfant. » Je m'en souviens très bien parce que j'ai une dévotion particulière pour ma grand-mère, pour tout ce qu'elle m'a donné dans les premières années de ma vie, chose que je reconnais dans l'un de mes livres. J'admire également Nino Costa qui, en parlant des Piémontais, a écrit des vers très romantiques qui s'accordent bien à notre propos. »

Bergoglio nous récita de mémoire, et avec une grande émotion, une strophe en piémontais, qu'il traduisit ensuite en espagnol :

« Ma 'l pi dle volte na stagion perduva
o na frev o 'n malheur dël so mesté
a j'ancioda'nt'na tomba patanuva
spersa 'nt'un camposanto foresté.

La plupart du temps il restait sur le lieu,
sous la chaleur, à travailler avec succès ou pas
et terminait dans une tombe
dans un cimetière arboré. »

Et il poursuivit :

« La nostalgie poétique qu'exprime ici Nino réside dans le fait d'avoir voulu et de n'avoir pas pu retourner. On peut également lire une belle réflexion sur la nostalgie de la migration dans un ouvrage intitulé *Il grande esodo* de Luigi Orsenigo.

— Comment se sont connus vos parents ?

— Ils se sont rencontrés en 1934, à la messe, dans l'oratoire salésien de San Antonio, dans le quartier d'Almagro, à Buenos Aires, où ils habitaient. Ils se sont mariés l'année suivante. Ma mère était la fille d'une Piémontaise et d'un Argentin descendant de Génois. Je me souviens bien d'un grand-oncle, c'était un voyageur, un plaisantin qui nous apprenait des chansons quelque peu osées en dialecte génois. C'est la raison pour laquelle je ne connais du génois que des expressions qu'on ne peut répéter partout.

— Vous jouiez avec vos parents ?

— Oui, à la *brisca* et à d'autres jeux de cartes. Comme papa jouait au basket du club San Lorenzo, il nous emmenait parfois avec lui. Avec maman, le samedi à deux heures de l'après-midi, nous écoutions les opéras diffusés par Radio del Estado (aujourd'hui Radio Nacional). Elle nous installait autour de l'appareil et avant que ne commence l'opéra, elle nous expliquait de quoi il s'agissait. Avant que débute une aria importante, elle nous disait : "Écoutez bien, il va chanter une chanson très jolie." À la vérité, nous trouver là, les trois frères aînés, le samedi à deux heures de l'après-midi avec maman, à nous régaler de cet art, c'était magnifique.

— Vous vous teniez bien ? Ce n'est pas facile pour un enfant d'avoir accès à l'opéra…

— Eh bien… Parfois, à la moitié nous commencions à nous disperser, mais notre mère maintenait notre attention en éveil ; pendant l'écoute, elle poursuivait ses explications. Dans *Othello*, elle nous disait : "Écoutez bien, il va la tuer." Voilà ce dont je me souviens de mon enfance, la présence des grands-parents, comme je l'ai dit. L'image des grands-parents s'est estompée dans notre société, mais aujourd'hui, à cause de la crise économique, elle revient parce qu'on a besoin d'eux pour s'occuper des enfants. Et par-dessus tout, je me souviens de papa et de maman partageant des jeux avec nous, les plaisanteries, la cuisine…

— La cuisine ?

— Je m'explique, maman est restée paralysée après son cinquième accouchement, bien qu'avec le temps elle se soit remise. Mais dans ce laps de temps, quand nous revenions de l'école, nous la retrouvions assise en train d'éplucher des pommes de terre, avec tous les ingrédients à côté. Alors, elle nous expliquait comment nous devions les mélanger et les cuisiner, parce que nous autres n'en avions aucune idée : "Maintenant vous mettez ceci puis cela dans la casserole, et ça dans la poêle…" nous expliquait-elle. C'est comme ça que nous avons appris à cuisiner. Nous savons tous cuisiner, au moins la *milanesa.*

— Vous cuisinez en ce moment ?

— Non, je n'ai pas le temps. Mais quand je vivais au Colegio Máximo de San Miguel, comme le dimanche il n'y avait pas de cuisinière, c'est moi qui cuisinais pour les étudiants.

— Et vous cuisinez bien ?

— Disons que je n'ai jamais tué personne… »

Chapitre 2

« Il serait bon que tu commences à travailler… »

Une fois terminée l'école primaire, son père convoqua le jeune Jorge et lui dit : « Puisque tu vas entrer au collège, il serait bon que tu commences à travailler. Je vais te trouver quelque chose pour les vacances. » Jorge, qui avait à peine treize ans, le regarda, un peu déconcerté. Ils vivaient bien, et grâce au salaire de leur père, comptable. « Nous vivions avec le nécessaire, nous n'avions pas de voiture, nous ne partions pas en vacances, mais nous ne manquions de rien », dit-il. De toute façon, en fils obéissant, il accepta.

Peu après Jorge se retrouva dans un atelier de confection de bas où son père officiait comme comptable. Durant les deux premières années, il s'occupa du nettoyage. La troisième, on lui confia des tâches administratives et à partir de la quatrième, il changea d'emploi.

Comme il étudiait dans une école technique, spécialisée en chimie alimentaire, il réussit à travailler dans un laboratoire entre sept heures du matin et une heure de l'après-midi. Il disposait d'une heure pour déjeuner avant d'aller assister à ses cours qui se prolongeaient jusqu'à huit heures du soir. Plus d'un siècle plus tard, il considère que ce travail – qu'il continua à effectuer après avoir terminé ses études secondaires – lui a finalement été extrêmement utile pour sa formation.

« Je suis très reconnaissant à mon père de m'avoir envoyé travailler. Le travail est la meilleure chose qui me soit arrivée dans la vie, et dans ce laboratoire, tout particulièrement, j'ai appris ce qu'il y avait de meilleur et de pire », tient-il à souligner. Sur un ton nostalgique, il ajoute : « Dans le laboratoire, j'ai eu comme supérieure, une femme extraordinaire, Esther Balestrino de Careaga, une Paraguayenne proche des communistes qui, des années plus tard, pendant la dictature, a dû affronter l'enlèvement d'une fille et d'un gendre, et qui a elle-même été enlevée, en même temps que deux religieuses françaises, toutes deux disparues, Alice Domon et Léonie Duquet, puis assassinée. Elle repose aujourd'hui dans l'église de Santa Cruz. J'avais une grande affection pour elle. Je me souviens que lorsque je lui remettais une analyse, elle me disait : “Qu'est-ce que tu as fait vite !” puis, sans attendre, elle me demandait : “Mais ce dosage, est-ce que tu l’as fait ?” Je lui répondais que je ne voyais pas pourquoi je devais le faire puisque, tous les dosages ayant été effectués précédemment, celui-là devait être plus ou moins équivalent. “Non, il faut faire les choses correctement”, me reprenait-elle. En fait, elle m’apprenait à être sérieux dans mon travail. Je dois réellement beaucoup à cette femme formidable. »

Ce souvenir de jeunesse servit de déclencheur pour aborder un nouveau sujet, celui du travail.

« Au cours de votre ministère sacerdotal, vous avez dû recevoir beaucoup de gens au chômage. Quelle est votre expérience de ce point de vue-là ?

— J’en ai vu passer beaucoup, en effet. Ce sont des gens qui ne se voient pas comme des personnes. Ils ont beau être aidés par leur famille et leurs amis, ils veulent travailler, gagner leur pain à la sueur de leur front. Le travail, en dernière instance, est ce qui donne sa dignité à la personne. La dignité, on ne la tire pas de la naissance ni d’une éducation en famille ou à l’école. La dignité en tant que telle ne peut venir que du travail. Nous mangeons ce que nous gagnons, nous maintenons notre famille avec ce que nous gagnons. Peu importe que cela soit beaucoup ou peu. Si c’est beaucoup, tant mieux. On peut posséder une fortune, mais si on ne travaille pas, il n’y a plus de dignité. Le bon exemple est celui de l'immigrant qui arrive sans un sou : il se bat, il travaille et un jour il "fait l'Amérique". Attention, parce que le déclin peut arriver avec un fils ou un petit-fils s'ils ne sont pas éduqués dans un esprit de travail. C'est pour ça que les immigrants ne toléraient pas la présence d'un fils ou d'un petit-fils oisif : ils l'obligeaient à travailler. Je peux vous raconter une anecdote à ce propos ?

— Je vous en prie…

— Je me souviens d'une famille de Buenos Aires d'origine basque. C'était dans les années soixante-dix et le fils manifestait beaucoup. Le père était un éleveur. Entre eux il y avait des différends idéologiques sérieux. Comme tous deux avaient un grand respect pour un certain curé, ils l'ont invité à dîner pour qu'il les aide à surmonter leur conflit. Le curé les a écoutés attentivement puis, comme le vieux sage qu'il était, il leur a dit : "Le problème, c'est que vous avez oublié la crampe." Le père et le fils, déconcertés, lui ont demandé : "Quelle crampe ?" Et le curé a répondu en pointant un doigt sur eux : "La crampe de ton père et celle de ton grand-père, à force de se lever tous les jours à quatre heures du matin pour aller traire les vaches !"

— Il est certain que le sacrifice donne une vision différente.

— En tout cas, cela nous éloigne des théorisations stériles. Le père s'était précipité, on peut le dire comme ça, dans l'establishment et le fils s'était lancé à corps perdu dans le combat idéologique ; tous deux avaient oublié le travail. Le travail ouvre une porte sur la réalité et obéit à un commandement de Dieu : "Croissez, multipliez-vous et dominez la terre…" Autrement dit, soyez les seigneurs de la terre : travaillez.

— Le pire, ce sont ceux qui veulent travailler et qui ne le peuvent pas.

— Le problème, c'est que l'homme sans travail se sent misérable à ces heures de solitude, parce qu'il "ne gagne pas sa vie". C'est pourquoi il est très important que partout dans le monde, les gouvernements, à travers des ministères compétents, cherchent à favoriser la culture du travail, plus que la culture de la générosité. Il est vrai qu'en période de crise, il faut faire appel à la générosité pour sortir de l'urgence, comme pendant la période que nous avons vécu en Argentine en 2001. Mais ensuite, il faut trouver des sources de travail parce que, je ne cesse de le répéter, c'est le travail qui vous donne la dignité.

— Mais le manque de travail engendre d'énormes problèmes. De fait, certains évoquent la "fin du travail"…

— Dans la mesure où moins de gens travaillent, moins de personnes consomment. L'homme intervient de moins en moins dans la production, mais en même temps c'est lui qui va acheter les produits. On a un peu perdu de vue ce problème. Je crois que l'on n'explore pas suffisamment le travail alternatif. Il y a même des pays qui élaborent des prévisions dans le domaine social et qui, voyant que l'on ne peut donner du travail à tout le monde, diminuent les jours et les heures de travail en arguant que les gens pourront bénéficier de "loisirs gratifiants". Mais la première chose à faire c'est de créer des emplois. N'oublions pas que la première encyclique sociale (*Rerum Novarum*) a vu le jour à l'ombre de la Révolution industrielle, à l'époque où les conflits ont commencé, et il n'y avait aucune autorité capable de trouver des solutions.

— À l'autre extrémité, existe aussi le problème de l'excès de travail… Faut-il retrouver le sens du loisir ?

— Au vrai sens, car il y a l'oisiveté et le loisir, l'errance et la gratification. La culture du travail doit s'accompagner d'une culture du loisir en tant que gratification. En d'autres termes, une personne qui travaille doit prendre le temps de se reposer pour se retrouver en famille, pour profiter de la vie, lire, écouter de la musique, pratiquer un sport. Malheureusement, ceci est en train de se perdre, à cause de la suppression du repos dominical. De plus en plus de gens travaillent le dimanche, conséquence de la compétitivité inhérente à la société de consommation. Là, effectivement, nous sommes à l'autre extrémité : le travail comme facteur de déshumanisation. Si le travail ne laisse pas de place à des loisirs sains, à un repos réparateur, il rend esclave dans la mesure où on ne travaille plus pour la dignité mais pour la compétition. L'intention qui me pousse au travail est alors viciée.

— Et c'est la vie de famille qui en pâtit…

— C'est pourquoi, lorsque de jeunes parents viennent se confesser, je ne manque jamais de leur demander s'ils jouent avec leurs enfants. Ils sont parfois surpris parce qu'ils ne s'attendaient pas à une telle question, mais souvent ils reconnaissent qu'ils ne se l'étaient jamais posée. Beaucoup partent au travail alors que leurs enfants ne sont pas réveillés et reviennent alors qu'ils dorment. Et à la fin de la semaine, épuisés, ils ne s'en occupent pas comme ils devraient. Le vrai loisir suppose que la mère et le père jouent avec leurs enfants. Alors le sain loisir prend une dimension ludique, qui est source de connaissance. Le Livre de la Sagesse dit que, dans sa grande sagesse, Dieu jouait. En revanche, l'oisiveté est la négation du travail. Je me souviens d'une *milonga* que chantait Tita Merello : “ché fiaca, sali de la catrera.” [1]

— L'équilibre n'est pas facile à trouver. On peut très facilement se retrouver hors course.

1. « Eh, flémard, sors de ton pieu. »

— C'est vrai. L'Église a toujours dit que la clé du problème social était le travail. L'homme qui travaille est le centre de tout. Aujourd'hui, dans bien des cas, ce n'est pas vrai. Un homme est très vite renvoyé s'il ne fait pas l'affaire. Il devient une chose, il n'est pas considéré comme une personne. L'Église a dénoncé, ces dernières décennies, une déshumanisation dont le travail est responsable. N'oublions pas qu'une des principales causes de suicide est le sentiment d'échec, et dans le cadre d'une concurrence féroce au travail. C'est pourquoi il ne faut pas envisager le travail exclusivement dans une perspective fonctionnelle. L'essentiel n'est pas le gain, ni le capital. L'homme n'est pas au service du travail, c'est le travail qui est au service de l'homme. »

Chapitre 3

« Tu imites Jésus »

Ce furent trois jours terribles au cours desquels il se débattit entre la vie et la mort. À un moment, brûlant de fièvre, Jorge Bergoglio, qui était alors âgé de vingt et un ans, étreignit sa mère et lui demanda d'un ton désespéré :

« Dis-moi ce qui m'arrive. » Elle ne savait que lui répondre, les médecins eux-mêmes étaient déconcertés. On finit par diagnostiquer une pneumonie grave. On lui détecta trois kystes, et quand son état se fut stabilisé, passé un certain temps, il fallut procéder à l'ablation de la partie supérieure de son poumon droit.

Tous les jours, il fallait lui injecter du sérum pour nettoyer la plèvre et les cicatrices. C'était l'époque où les sondes étaient connectées à une cannette afin d'effectuer une succion avec le léger vide provoqué par le jet d'eau. Les douleurs étaient insoutenables.

Bergoglio n'appréciait guère les paroles de circonstance, les "ça va passer", "tu vas être tellement content de rentrer chez toi". Jusqu'au jour où il eut une visite qui le réconforta réellement, sans phrase toute faite. C'était une religieuse dont il se souvenait très bien parce qu'elle l'avait préparé à sa première communion, sœur Dolores.

« Elle m'a dit une chose qui m'est resté gravée et qui m'a beaucoup apaisé : "tu imites Jésus." » La phrase de la religieuse fut pour lui une excellente leçon sur la façon dont il fallait affronter la douleur en chrétien.

Les détails de ce récit, le ton de sa voix, plus posée que d'habitude, nous ont permis de comprendre la trace que cette confrontation avec la mort lui avait laissée à un si jeune âge. Depuis, le Pape souffre d'une insuffisance pulmonaire qui, même si elle ne présente pas un gros handicap, est une limite. Il est persuadé que cette histoire a contribué à former son discernement sur ce qui est important dans la vie et ce qui ne l'est pas, et sa foi en a été raffermie. La douleur peut-elle être une bénédiction si on l'assume de façon chrétienne ? Bergoglio voit les choses en ces termes : « La douleur n'est pas une vertu en soi, mais la manière dont on l'assume peut être vertueuse. Notre vocation est la plénitude et le bonheur, et dans cette quête, la douleur est une limite. C'est pourquoi le sens de la douleur, je le comprends dans sa plénitude, à travers la douleur de Dieu fait Christ. »

En nous interrogeant sur la façon dont nous affrontons différentes situations, il s'est souvenu d'un dialogue entre un agnostique et un croyant, tiré d'un roman de l'écrivain français Joseph Malègue. L'agnostique disait que, pour lui, le problème était de savoir si le Christ n'était pas Dieu, tandis que pour le croyant, c'était de savoir ce qui se passerait si Dieu ne s'était pas fait Christ, c'est-à-dire si Dieu n'était pas venu donner un sens au chemin. « Pour cela, la clé est de comprendre la croix comme graine de résurrection. Toute tentative de surmonter la douleur donnera des résultats partiaux, si elle n'est pas fondée sur la transcendance. Comprendre et vivre la douleur dans la plénitude est un cadeau. Mieux encore, vivre dans la plénitude est un cadeau. »

— Mais l'Église n'insiste-t-elle pas trop sur la douleur comme chemin d'approche de Dieu, et pas suffisamment sur la joie de la résurrection ?

— Il est vrai qu'à une certaine époque on a exagéré le problème de la souffrance. Il me vient à l'esprit un de mes films préférés, *Le Festin de Babette*, qui met en scène un cas typique de prohibition démesurée. Les personnages sont des gens qui vivent un calvinisme puritain exagéré, au point que la rédemption de Christ est vécue comme une négation des choses de ce monde. Lorsqu'arrivent la fraîcheur de la liberté, l'opulence du repas, tous finissent transformés. À la vérité, cette communauté ne savait pas ce qu'était le bonheur. Elle vivait écrasée par la douleur. Elle était prisonnière de la pâleur de l'existence. Elle avait peur de l'amour.

— Mais l'emblème majeur du catholicisme est un Christ crucifié et le corps en sang…

— L'exaltation de la souffrance dépend beaucoup de l'époque et de la culture. L'Église représente le Christ selon le milieu culturel et à un moment donné. Si on observe les icônes orientales, russes par exemple, on constate que rares sont les images du christ crucifié en souffrance. C'est plutôt la résurrection qui est représentée. En revanche, si nous jetons un œil sur le baroque espagnol ou celui de Cuzco, nous sommes face à des Christs de patience flagellés, parce que le baroque met en valeur la Passion de Jésus. *La Crucifixion Blanche* de Chagall, qui était un croyant juif, n'est pas cruelle, elle est pleine d'espoir. La douleur y est montrée avec sérénité. Pour moi, c'est un des plus beaux tableaux qu'il ait peints.

Arrivés à ce stade, Bergoglio prit un ton plus léger, peut-être pour détendre l'atmosphère.

« Je peux vous raconter une histoire qui vient à propos ?

— Bien entendu.

— C'est l'histoire d'un gamin juif que l'on renvoyait de toutes les écoles pour indiscipline, jusqu'au jour où un homme, un autre juif, recommande à son père un "bon collège de curés". Il l'encourage en disant que là, on saura le ramener à la raison. Le père accepte. Le premier mois se passe, le gamin se tient très bien, il ne fait l'objet d'aucune admonestation. Il n'a pas non plus de problèmes de conduite les mois suivants. Le père, intrigué, va voir le directeur pour savoir comment on a réussi à le calmer. "Très facilement, lui répond le curé. Le premier jour je l'ai pris par une oreille et je lui ai dit, en lui montrant le Christ en croix : Il était juif, comme toi, et si tu te tiens mal, il t'arrivera la même chose."

(*Rires*) Malgré tout, nous ne nous sommes pas estimés vaincus avec notre argument et nous avons insisté.

« Vous ne pouvez pas nier qu'au cours de ses deux mille ans, l'Église a magnifié le martyre comme chemin vers la sainteté.

— Il faut préciser une chose : parler de martyrs veut dire parler de personnes qui ont laissé un témoignage, jusqu'à la fin, jusqu'à la mort. Dire "Ma vie est un martyre" devrait signifier "Ma vie est un témoignage." Or de nos jours, cette idée est associée à la cruauté. Cela dit, grâce au parcours de certains témoins, le mot est devenu synonyme de donner sa vie pour la foi. Le terme, si je peux me permettre, a été minimisé. Mener une vie chrétienne, c'est donner un témoignage dans la joie, comme le faisait Jésus. Sainte Thérèse disait qu'un saint triste est un triste saint.

— Laisser un témoignage de joie, même quand l'Église vous invite à la pénitence et au sacrifice comme forme d'expiation ?

— Bien entendu. On peut jeûner, pratiquer toute autre forme de privation et progresser spirituellement, sans pour autant abandonner la paix et la joie. Mais attention, je ne veux pas non plus tomber dans l'hérésie du pélagianisme, dans une forme d'autosuffisance, selon laquelle je me sanctifie parce que je fais pénitence, car tout peut devenir pénitence. En ce qui concerne la douleur, le problème est que, dans certains cas, elle prend le mauvais chemin. De toute façon, je n'aime pas m'en remettre à la théorie face à des personnes qui traversent des moments difficiles. Je pense au passage de l'Évangile sur la Samaritaine qui a subi cinq échecs matrimoniaux, qu'elle n'arrive pas à assumer. Quand elle rencontre Jésus et qu'elle commence à lui parler de théologie, le Seigneur fait tourner sa fronde, l'accompagne, la met en face de la vérité et l'empêche de s'enfermer dans la réflexion.

— Et vous-même, quelle attitude adoptez-vous devant une vie qui s'éteint après une cruelle maladie ?

— Je fais silence. La seule chose qui me vient à l'esprit, c'est de me taire et, selon le degré de confiance, de prendre la main de la personne. Et de prier pour elle, car la douleur physique et la douleur spirituelle sont intérieures, elles sont en un lieu où nul ne peut pénétrer ; la douleur est habitée par des pans de solitude. Ce dont les gens ont besoin, c'est de savoir que quelqu'un les accompagne, les aime, qu'on respecte leur silence et qu'on prie pour que Dieu entre dans cet espace qui est pure solitude. Je me souviens d'un autre film dans lequel une femme innocente, condamnée à mort, est emmenée vers le pavillon de la mort. Comme il s'agit d'une femme liée au monde du jazz, la geôlière l'accueille en musique avec le son à plein volume. La femme devient hystérique et hurle pour qu'on arrête la chanson. Elle ne veut pas de quelque chose d'artificiel, elle veut la solitude. Cela illustre aussi la volonté de notre société de camoufler la mort.

— C'est-à-dire ?

— Je pense au ridicule de certaines cultures hédonistes qui vont jusqu'à maquiller les cadavres et les "asseoir" lors de veillées. Ce n'est pas fréquent, mais cela se pratique dans certains endroits.

C'est également le cas de cimetières qui sont devenus des musées, des œuvres d'art, de beaux endroits, tout ça pour dissimuler le drame qui se trouve en arrière-plan.

— À propos, pensez-vous à votre propre mort ?

— Ça fait longtemps que c'est devenu une compagnie quotidienne.

— Pourquoi ?

— J'ai soixante-dix ans passés et il ne reste plus beaucoup de fil dans la bobine. Je ne vais pas vivre soixante-dix ans de plus et je commence à me dire qu'il faut tout abandonner. Mais je prends ça tout à fait sereinement. Je ne suis pas triste. On a envie d'être juste avec tout le monde, dans toutes les situations, de faire – pour ainsi dire – de la calligraphie anglaise, par exemple. Cela dit, je n'ai jamais songé à rédiger un testament. Mais la mort accompagne quotidiennement mes pensées. »

Chapitre 4

Le printemps de la foi

C'était un 21 septembre et comme beaucoup de jeunes gens, Jorge Bergoglio allait sur ses dix-sept ans et se préparait à fêter le Jour de l'Étudiant avec ses compagnons. Il décida de commencer la journée en allant faire un tour jusqu'à sa paroisse. C'était alors un jeune catholique pratiquant qui fréquentait l'église de San José, dans la quartier Flores, à Buenos Aires.

En arrivant, il tomba sur un curé qu'il ne connaissait pas. Sentant qu'il émanait de sa personne une forte spiritualité, il décida de se confesser à lui. Peu après, il comprit que cette confession avait été exceptionnelle, qu'elle avait stimulé sa foi. Elle lui avait même permis de percevoir les signes de la vocation religieuse, si bien qu'il décida de ne pas se rendre à la gare ferroviaire pour retrouver ses amis. Il rentra chez lui avec une conviction : il voulait… il devait devenir prêtre. Ce fut une immense grâce, dont il avait bénéficié de façon imprévue. Ainsi l'explique-t-il :

« Lors de cette confession il m'est arrivé une chose curieuse, je ne sais ce que c'était, mais cela a changé ma vie. Je dirais que j'ai été surpris alors que je baissais la garde », dit-il plus d'un demi-siècle plus tard. Aujourd'hui, Bergoglio interprète ainsi l'épisode : « Ce fut la surprise, la stupeur d'une rencontre. J'ai compris qu'on m'attendait. C'est ce qu'on appelle l'expérience religieuse : la stupeur de se trouver devant quelqu'un qui vous attend. À partir de là, pour moi, Dieu a été celui qui "m'a trouvé en premier". Je le cherche, mais Lui aussi me cherche. Je désire le trouver, mais Lui "me trouve en premier."

Jorge Bergolio ajoute que ce ne fut pas seulement la "stupeur de la rencontre" qui éveilla sa vocation religieuse, mais le ton miséricordieux avec lequel Dieu l'a interpellé, un ton qui deviendrait, avec le passage du temps, la source d'inspiration de son ministère.

Pourtant, son entrée au séminaire ne fut pas immédiate. « L'histoire en resta là », dit-il. Car il finit ses études secondaires et continua à travailler dans le laboratoire d'analyses bromatologiques qui l'employait à temps partiel, sans parler de ses intentions à quiconque. Il avait beau être sûr de sa vocation religieuse, au cours des années suivantes, il vécut une crise de croissance qui lui fit traverser des moments de solitude. Bergoglio dit qu'il s'agissait d'une « solitude passive », où l'on souffre apparemment sans raison, ou alors après une crise ou une perte, à la différence de la « solitude active », que l'on éprouve face à une décision transcendantale. Cette expérience lui a appris à vivre avec la solitude. Finalement, à vingt et un ans, il décida d'entrer au séminaire et finit par se décider pour l'ordre des jésuites.

« Pour quelle raison avez-vous choisi les jésuites ?

— En fait, je ne savais pas très bien quelle direction prendre. Ce qui était clair, c'était ma vocation religieuse. Après être passé par le séminaire archidiocésain de Buenos Aires, j'ai rejoint la Compagnie de Jésus parce que j'étais attiré par son caractère de bras armé de l'Église, pour parler le langage militaire, fondé sur l'obéissance et la discipline, et parce qu'elle avait une vocation missionnaire. À un moment j'ai eu envie de partir en mission au Japon, où les jésuites réalisent depuis toujours une œuvre importante. Mais vu le problème de santé dont je souffre depuis ma jeunesse, je n'ai pas eu l'autorisation de m'y rendre. J'en connais qui auraient été "soulagés" de mon absence ici si on m'avait envoyé là-bas… vous ne pensez pas ? (*Rires*)

— Quelles ont été les réactions de votre famille lorsque vous avez exprimé votre désir de devenir prêtre ?

— Je l'ai d'abord dit à mon père, et il a approuvé mon choix. Encore mieux, il était heureux. Il m'a demandé si j'étais sûr de ma décision. Puis c'est lui qui en a parlé à maman, qui, en bonne mère, commençait à s'en douter. Sa réaction fut différente. "Je ne sais pas, mais je ne te vois pas... Tu dois attendre un peu... Tu es l'aîné... Continue à travailler... Termine tes études." La vérité c'est qu'elle l'a très mal pris.

— Vous ne vous êtes pas trompé en choisissant lequel aurait la primeur de la nouvelle...

— Je savais que mon père me comprendrait mieux. Il faut dire que sa propre mère était une référence religieuse extrêmement forte, et lui avait hérité de cette foi, cette force. L'immense douleur du déracinement faisait le reste. C'est pour ça qu'il l'a vécue avec joie, alors que ma mère l'a vécue comme une spoliation.

— Que s'est-il passé ensuite ?

— Quand je suis entré au séminaire, maman n'a pas voulu m'accompagner. Elle a mis des années à accepter ma décision. Nous n'étions pas fâchés, mais autant j'allais à la maison, autant elle ne venait jamais au séminaire. Quand finalement elle l'a acceptée, elle a mis certaines distances. Au noviciat de Córdoba, elle venait me voir. Cela dit, c'était une femme croyante et pratiquante, mais elle pensait que tout était allé trop vite, que c'était une décision qui requérait un temps de réflexion. Elle était cohérente, cela dit, je la vois encore à genoux devant moi, à l'issue de la cérémonie de mon ordination, demandant ma bénédiction.

— Peut-être pensait-elle que vous n'étiez pas fait pour ça… que vous n'alliez pas persévérer…

— Je ne sais pas. Ce dont je me souviens, c'est que lorsque j'en ai parlé à ma grand-mère, qui le savait déjà et qui joua les innocentes, cette dernière m'a dit : “Bien, si Dieu t'appelle, béni sois-tu.” Elle a aussitôt ajouté : “Je te prie de ne pas oublier que les portes de la maison sont toujours ouvertes et que personne ne te reprochera quoi que ce soit si tu décides de revenir.” Cette réaction, que nous qualifierions aujourd'hui de modérée, devant quelqu'un qui s'apprête à traverser une épreuve importante, fut pour moi une leçon pour savoir comment se comporter face à une personne qui est sur le point de faire un pas décisif dans la vie.

— De toute façon, votre décision ne fut pas précipitée. Vous avez attendu quatre ans avant d'entrer au séminaire.

— Disons que Dieu m'a laissé quelques années de répit. Il est vrai que j'étais, comme toute la famille, un catholique pratiquant. Mais mon esprit n'était pas exclusivement tourné vers les problèmes religieux, je m'intéressais aussi à la politique, même si cela ne dépassait pas le plan intellectuel. Je lisais *Nuestra Palabra*, *Propósitos*, une publication du Parti communiste, et j'adorais les articles du dramaturge Leonidas Barletta, qui appartenait au monde de la culture. Ces lectures ont contribué à ma formation politique, mais je n'ai jamais été communiste.

— Dans quelle mesure pensez-vous que cette décision vous appartient ou qu'elle est un choix de Dieu ?

— La vocation religieuse est un appel de Dieu destiné à un cœur qui l'attend, consciemment ou inconsciemment. J'ai toujours été impressionné par la lecture du bréviaire qui dit que Jésus regarda Mathieu avec une attitude qui, traduite, donnerait quelque chose comme : "Avec miséricorde et le choisissant." C'est exactement la façon dont j'ai senti que Dieu m'a regardé lors de cette confession. Et c'est ainsi qu'Il me demande de regarder autrui : avec une grande miséricorde et comme si je choisissais pour Lui, en n'excluant personne, parce que tout le monde est un élu de l'amour de Dieu. "Avec miséricorde et le choisissant" fut la phrase qui a accompagné ma consécration comme évêque et c'est un des pivots de mon expérience religieuse : la miséricorde, et le choix des personnes en fonction d'un dessein. Dessein que l'on pourrait synthétiser de cette façon : "Écoute, toi on t'aime par ton nom, tu as été choisi et la seule chose qu'on te demande c'est de te laisser aimer." Voilà le dessein qui m'a été confié.

— C'est pour ça que vous dites que Dieu élit toujours "en premier" ?

— Bien évidemment. Dieu se définit devant le prophète Jérémie avec ces mots : "Je suis le bâton de l'amandier". Et la fleur de l'amandier est la première à fleurir au printemps. Il est toujours le "premier". Jean dit : "Dieu nous a aimés en premier, voilà en quoi consiste l'amour, en ce que Dieu nous a aimés en premier." Pour moi, toute expérience religieuse qui serait dépourvue de cette dose de stupeur, de surprise, qui nous gagne patiemment à l'amour et à la miséricorde, est froide ; elle ne nous implique pas totalement, c'est une expérience distante, qui ne nous entraîne pas vers la transcendance. Convenons cependant que vivre aujourd'hui cette transcendance est difficile, à cause du rythme de vie vertigineux, de la rapidité des changements et de l'absence d'une vision à long terme. Cela dit, dans l'expérience religieuse, les refuges sont importants. J'ai toujours été impressionné par ce que dit Ricardo Guiraldes dans *Don Segundo Sombra*, que l'image de l'eau l'a accompagné toute sa vie. Quand il était petit, il était comme un ruisselet sautant entre les pierres ; à l'âge d'homme, c'est un fleuve impétueux, et vieux, un havre.

— Que proposez-vous pour créer de tels refuges ?

— Les retraites spirituelles sont des refuges organisés à dessein, où le rythme quotidien est freiné, et elles débouchent sur la prière. En revanche, une retraite spirituelle où l'on écoute des cassettes de béhaviorisme religieux pour être stimulé et obtenir une réponse ne sert à rien, elle n'apaise pas l'âme. La rencontre avec Dieu doit surgir de l'intérieur. Je dois me mettre en présence de Dieu et, aidé par sa Parole, progresser dans ce qu'Il voudra. Le cœur de tout cela, c'est la prière, et c'est un des points qui, selon moi, doit être abordé avec davantage de courage.

— L'absence de refuges est-elle uniquement un problème de temps, ou est-ce aussi dû au fait que le croyant relègue son besoin de spiritualité ?

— Il le relègue jusqu'au jour où il glisse sur une peau de banane et tombe. Une maladie, une crise, une déception, un projet imaginé à un moment glorieux et qui n'a pas abouti… Je me souviens d'un événement dont j'ai été témoin dans un aéroport et qui m'a beaucoup attristé. C'était ce moment où tous les passagers, de la classe touriste et de la première, se retrouvent devant le tapis roulant pour attendre les bagages. C'est un moment où nous sommes tous égaux et nous attendons tous quelque chose, et le tapis nous rend égaux. Soudain, un des voyageurs, qui était un chef d'entreprise connu, d'un certain âge, commença à s'impatienter parce que sa valise n'arrivait pas. Il était exaspéré et faisait la moue, comme pour dire : "Vous savez qui je suis ! quand je pense je dois attendre comme le premier venu !" Ce qui m'a le plus surpris, c'est qu'une personne adulte et responsable s'impatiente autant.

— Les plus impatients sont souvent les jeunes alors qu'ils ont toute la vie devant eux...

— Comme je savais la vie que ce chef d'entreprise menait, que je sentais son désir de revivre le mythe de Faust, ne pas descendre du cheval de ses trente ans, que je voyais qu'il était incapable de goûter la sagesse de l'âge, j'ai senti un vent de tristesse. J'étais désolé de voir cet homme qui pouvait tout avoir, qui vivait dans l'abondance et disposait de tous les sésames, se mettre dans un tel état à cause d'un bagage qui n'arrivait pas. Au fond, c'était quelqu'un de seul, à l'image de ces personnes auxquelles le Seigneur offre la possibilité d'être heureuses en Lui et avec Lui, sans être curé ou religieuse, et qui, organisant toute leur vie autour de leur personne, ne peuvent se bonifier et finissent en vin piqué. Je me sers souvent de cette image du vin bonifié pour parler de la maturité religieuse et de la maturité humaine, car elles vont de pair. Si quelqu'un en reste au stade de l'adolescence du point de vue humain, dans le domaine religieux il en va de même.

— Comment devrait se dérouler, selon vous, l'expérience de la prière ?

— À mon avis, ça doit être comme une expérience de l'hésitation, du laisser-aller, où tout notre être se pénètre de la présence de Dieu. C'est là que se produit le dialogue, l'écoute, la transformation. Regarder Dieu, mais surtout être regardé par Lui. L'expérience religieuse de la prière se fait, en ce qui me concerne, lorsque je prie à haute voix pour le Rosaire ou les Psaumes. Ou lorsque je célèbre avec exaltation l'Eucharistie. Mais le moment où je vis le plus intensément l'expérience religieuse, c'est quand je reste un temps indéfini devant le tabernacle. Parfois je m'endors, assis, en me laissant regarder. J'ai l'impression d'être entre les mains de quelqu'un, comme si Dieu me prenait par la main. Je crois qu'il faut parvenir à l'altérité transcendante du Seigneur, qui est le Seigneur de toute chose, mais qui respecte toujours notre liberté.

— Comment comprenez-vous votre vie et votre ministère devant Dieu ?

— Je ne veux pas me mentir, il est vrai que je suis un pécheur qui a eu le privilège d'être aimé par la miséricorde de Dieu. Depuis tout jeune, la vie m'a amené à exercer des fonctions où il fallait diriger – dès que j'ai été ordonné prêtre, j'ai été nommé maître de novices et deux ans et demi plus tard, provincial – et j'ai dû apprendre sur le tas, partant de mes erreurs parce que, je peux le dire, j'ai commis des tas d'erreurs. Des erreurs et des péchés. Il serait faux de ma part de dire aujourd'hui : "Je demande pardon pour les péchés et les offenses que je pourrais avoir commis". Aujourd'hui, je demande pardon pour les péchés et les offenses que j'ai effectivement commis.

— Que vous reprochez-vous le plus ?

— Ce qui me fait le plus mal, c'est de ne pas avoir été compréhensif et impartial. Dans la prière du matin, au moment des requêtes, je demande à être compréhensif et impartial, après quoi je continue à demander des tas de choses qui ont plutôt à voir avec les défections de mon parcours. Ce que je veux, c'est atteindre la miséricorde, la bonté interprétative. Mais, j'insiste, j'ai toujours été aimé par Dieu, qui m'a relevé après chaque chute tout au long du chemin ; il m'a aidé à le parcourir, surtout ces étapes les plus dures, et c'est ainsi que j'ai appris. Dans certaines circonstances, au moment d'affronter un problème, je me trompe, j'agis mal et je dois revenir en arrière et m'excuser. Au fond, cela me fait du bien parce que l'expérience m'aide à comprendre les erreurs des autres.

— On pourrait penser qu'un croyant devenu cardinal aurait des idées très claires dans son esprit…

— C'est faux. Je n'ai pas toutes les réponses. Et je n'ai pas davantage toutes les questions. Je me pose sans cesse de nouvelles questions. Mais les réponses, il faut les élaborer selon les situations et il faut aussi les attendre. J'avoue que, d'une façon générale et vu mon tempérament, la première réponse qui me vient à l'esprit n'est pas la bonne. Devant une situation, la première solution à laquelle je pense n'est jamais la bonne. C'est curieux, mais c'est ainsi que ça se passe. J'ai appris à me méfier de mes premières réactions. Une fois calmé, après être passé par le creuset de la solitude, je suis plus près de ce qu'il faut faire. Mais personne n'échappe à la solitude des décisions. Vous pouvez demander un conseil, mais c'est vous qui devez décider. On peut faire beaucoup de mal avec les décisions que l'on prend. On peut être très injuste. C'est pourquoi il est si important de s'en remettre à Dieu. »

Chapitre 5

ÉDUQUER EN PARTANT DU CONFLIT

Le père Bergoglio fut professeur au collège de l'Immaculée Conception de la ville de Santa Fe, qui appartenait à la Compagnie de Jésus, et plus tard, au collège El Salvador de Buenos Aires. Le premier, le collège de l'Immaculée Conception, était un établissement qui avait une réputation singulière : beaucoup de familles traditionalistes, non seulement de Santa Fe, mais d'autres provinces et des pays limitrophes, y envoyaient étudier leurs enfants. Jorge Bergolio s'en souvient :

« Avant d'entrer au séminaire, j'avais étudié la chimie et je pensais qu'on allait m'attribuer une matière scientifique, or, pas du tout, on me demanda de donner des cours de psychologie et de littérature. J'avais étudié la psychologie quand je m'étais inscrit en philosophie et ça m'était facile, mais pour la littérature, que j'aimais beaucoup, il a fallu que je me prépare pendant tout l'été. »

Il se souvient aussi d'avoir essayé de donner des cours « les plus plastiques possibles : je choisissais un auteur et une époque, mais si quelqu'un préférait un autre auteur de la même période, ou même d'une période différente, je le laissais faire. Par exemple, quand j'ai abordé *Le Cid*, un élève m'a dit qu'il préférait le poème que Machado avait écrit en partant de cette œuvre et je lui ai répondu qu'il "démarre" avec Machado. Les jeunes aimaient trouver les passages les plus forts écrits par Machado et ils se mesuraient entre eux pour voir qui en trouvait le plus. Moi, je les laissais faire. »

Jorge Milia, qui fut un de ses élèves, évoque le type de pédagogie pratiquée par Jorge Bergoglio dans son livre de mémoires, *De l'âge heureux*, écrit quarante ans plus tard. « Nous faire débuter par *Le Cid*, c'était comme nous confronter aux moulins à vent du Quichotte. Heureusement, nos craintes n'étaient pas justifiées. L'avantage, chez Bergoglio, c'est qu'il n'y avait pas de portes fermées et quiconque voulait explorer ce monument qu'est la langue espagnole pouvait le faire comme il l'entendait, sans euphémismes ni conditions préalables. »

Bergoglio, lui, ajoute que pour stimuler les élèves, il leur demandait d'écrire des nouvelles, et que lors d'un voyage à Buenos Aires, un jour il les a montrées à Jorge Luis Borges. « Les nouvelles lui ont plu, à tel point qu'il m'a encouragé à les publier, avec la promesse d'écrire un prologue. C'est ainsi que l'ouvrage a été publié sous le titre de *Nouvelles originales.* » Jorge Milia, qui avait écrit une des nouvelles, se rappelle avec émotion cette expérience, ainsi qu'une autre, où Bergoglio fit venir Borges pour qu'il donne un cours à Santa Fe, comme il l'avait fait avec d'autres écrivains.

Bergoglio, leur nouveau maître, « n'avait pas l'allure d'un guerrier, mais il avait un certain caractère. Joyeux, l'air juvénile, il reçut l'éphémère surnom de Tronche, mais ce n'était qu'une couverture ; à l'intérieur, il y avait l'homme méthodique, persévérant, "commandant" du Christ dans cette Compagnie de Jésus qui s'était promis de faire de nous de bonnes personnes. » Milia raconte aussi : « J'ai toujours retrouvé chez lui, par-delà la charge qu'il pouvait exercer, l'ami, le maître, le prêtre, cet homme conscient de son devoir et de sa mission – témoigner de sa foi, toujours avec un profond sens de l'humour. »

« Je les ai beaucoup aimés, écrit Bergoglio dans la préface au livre de Milia en évoquant ces élèves, ils ne m'ont jamais été indifférents et je ne les ai pas oubliés. Je voudrais les remercier pour tout le bien qu'ils m'ont fait, tout spécialement en m'obligeant et en me contraignant à être davantage un frère qu'un père. »

Après les souvenirs et les anecdotes sur son expérience de professeur, nous entrons dans le vif du sujet que nous nous étions proposé de traiter pour notre rencontre : l'éducation.

« Comment l'école peut-elle trouver un point d'équilibre entre l'ancrage dans le passé, qui est un cadre nécessaire, une référence fondamentale, et le besoin d'éduquer pour un monde différent, en imaginant le futur où les élèves devront s'insérer ?

— Je vais parler de l'élève, puis j'étendrai mon propos à l'école. J'ai pris l'habitude de dire que, pour éduquer, il faut tenir compte de deux réalités : la zone de sécurité et la zone de risque. On ne peut pas éduquer à partir de la seule zone de sécurité, ni en ne se basant que sur les zones de risque. Il doit y avoir une proportion, je ne parle pas d'équilibre, mais de proportion. L'éducation a toujours supposé un déséquilibre. Je commence à marcher le jour où je suis sensible à ce qui me manque ; si rien ne me manque, je ne marche pas.

— Quel serait alors le sain déséquilibre concernant l'éducation ?

— Il faut marcher avec un pied sur la zone de sécurité, c'est-à-dire tout ce qui représente un acquis, ce qui a été intégré par l'élève, là où il se sent bien et en sécurité. Et de l'autre pied, tâtonner les zones de risque, qui doivent être proportionnelles au cadre de sécurité, selon l'idiosyncrasie de la personne et son environnement social. Peu à peu, cette zone de risque se transforme en un cadre de sécurité et ainsi, successivement, on avance. Mais, sans risques, on ne peut pas avancer, et en prenant tous les risques, non plus.

— Est-ce lié à ce que vous appelez « la culture du naufrage » ?

— En partie, oui, parce que dans un naufrage, on est confronté au défi de survivre et d'avoir de l'imagination. Soit vous attendez qu'on vienne vous sauver, soit vous initiez votre propre sauvetage. Dans l'île où vous échouez, vous devez commencer par construire une cabane pour laquelle vous pouvez utiliser les planches de la barque qui a coulé, et des éléments nouveaux trouvés sur place. Le défi est d'assumer le passé, même s'il ne flotte plus, et d'utiliser les outils qu'offre le présent en vue du futur.

— Pouvez-vous nous donner l'exemple d'une expérience concrète ?

— Je sais qu'une école de Hambourg a fait l'expérience d'une éducation fondée sur la libre spontanéité, sans normes fixes, faisant abstraction des cadres de sécurité, et l'expérience a échoué. Ce cadre de sécurité, soit dit en passant, doit également exister au sein de la famille.

— Certains disent qu'aujourd'hui les jeunes ont plus de mal à accepter le rôle d'éducateur des adultes, parce qu'ils ne sont plus sûrs de rien. Ils n'acceptent pas l'autorité parce que celui ou celle qui la lui transmet doute de tout, lui aussi, il ou elle fait partie d'une société qui nous incite au doute continuel. Où faut-il regarder pour avoir quelques certitudes et transmettre un sentiment de sécurité ?

— Il faut partir des grandes certitudes existentielles. Par exemple, faire le bien et éviter le mal, qui est le plus élémentaire des axiomes d'ordre moral. Il y a aussi des certitudes culturelles et des certitudes de vie en commun. Mais il faut en revenir aux grandes certitudes existentielles faites chair dans la cohérence de la vie et, à partir de là, avancer, pas à pas.

— Quelle influence peut avoir le témoignage, dans ce contexte ?

— Elle est très importante. Une certitude n'est pas seulement un conseil, une conviction intellectuelle, une phrase. C'est aussi un témoignage, une cohérence entre ce que l'on pense, ce que l'on sent et ce que l'on fait. Il est fondamental de penser ce que l'on sent et ce que l'on fait ; sentir ce que l'on pense et ce que l'on fait, et faire ce que l'on pense et ce que l'on sent. D'utiliser le langage de la tête, du cœur et des mains.

— Pouvez-vous nous donner un exemple ?

— Bien sûr. Il existe des personnes qui sont peut-être limitées dans leur culture, en termes de connaissances, mais qui utilisent correctement trois ou quatre certitudes, je veux dire d'une façon cohérente, testimoniale, et de ce fait, qui éduquent très bien leurs enfants. Je me rappelle le cas des femmes paraguayennes qui, à la fin du XIXe siècle, se sont retrouvées dans une situation délicate : baisser les bras et assumer la défaite, ou dire – "Notre pays a perdu la guerre, mais il ne disparaîtra pas de l'histoire". Comme il ne restait qu'un seul homme pour huit femmes, c'est avec ce sentiment de certitude historique que ces femmes ont continué à éduquer pour perpétuer une foi, une culture, une langue.

— L'école devrait peut-être identifier les valeurs permanentes et les distinguer de celles qui sont propres à une culture ou à certaines habitudes à caractère social. Les identifier et ne pas les confondre pour éviter qu'en s'accrochant aux secondes, qui avec le temps sont remplacées par d'autres, les premières ne perdent de leur valeur.

— Effectivement. Parler aujourd'hui la langue de Cervantès ferait rire, mais les valeurs hispaniques contenues dans son œuvre demeurent. Nous retrouvons ces valeurs transformées en Argentine, dans *Martín Fierro* ou dans *Don*

Segundo Sombra, par exemple. C'est-à-dire les mêmes valeurs, mais exprimées d'une autre manière. Dans tout changement d'époque, on peut utiliser l'image du naufrage, car il y a des données qui ne servent plus, des éléments transitoires et des valeurs qu'il faut exprimer autrement. Et bien entendu, certaines pratiques qui deviennent intolérables, franchement répugnantes. Pensons à la grande rupture culturelle qui a donné lieu à l'abolition de l'esclavage. Jusque-là, on trouvait normal que des hommes soient vendus et achetés sur un marché.

— Au moment de choisir le type d'éducation que les parents veulent pour leurs enfants, croyez-vous qu'ils privilégient réellement, même quand ils choisissent un collège religieux, une éducation fondée sur de vraies valeurs ? Les écoles sont-elles aujourd'hui à la hauteur des circonstances ?

— D'une façon générale, les parents qui ont le choix se laissent entraîner par l'idée de promotion : "Ce collège offrira à mes enfants les meilleurs outils", diront-ils en songeant, par exemple, à l'informatique ou aux langues, sans trop réfléchir au problème des valeurs. Si bien que certains collèges mettent en avant le côté promotionnel et abandonnent la formation spirituelle, qui est vitale. Il est certain que les écoles confessionnelles en général, et catholiques en particulier, n'échappent pas à ce risque.

— À propos de valeurs, il est difficile de ne pas évoquer l'image du maître qui donnait l'exemple, marquait des limites, qui savait interpréter ce que disaient les élèves et qui établissait une relation humaine avec chacun.

— Je crois que l'éducation est devenue trop professionnelle. Il est nécessaire d'être au goût du jour, et le professionnalisme est une chose saine, mais il ne faut pas oublier d'accompagner, d'aller à la rencontre de la personne, de penser à l'élève dans tous ses aspects.

— Pouvez-vous nous donner l'exemple d'un cas concret que vous auriez vécu ?

— Oui, je me souviens qu'au début des années quatre-vingt-dix, alors que j'étais vicaire à Flores, une jeune fille d'un collège de Villa Soldati, qui était en seconde ou en première, est tombée enceinte. C'était un des premiers cas dans cette école. Il y avait plusieurs façons d'affronter la situation, qui allaient jusqu'à l'expulsion, mais personne ne se souciait de ce que ressentait la jeune fille. Elle avait peur des réactions et ne voulait pas qu'on l'approche. Jusqu'au jour où un jeune professeur, marié et père de plusieurs enfants, un homme pour qui j'ai un grand respect, a proposé d'aller lui parler pour trouver une solution. Il est allé la voir à la récréation, il lui a donné un baiser, l'a prise par la main et lui a dit tendrement : “Alors, tu vas être maman ?" et la jeune fille a fondu en larmes. Cette proximité l'a aidée à s'ouvrir, à comprendre ce qui s'était passé. Et ça a permis de trouver une réponse réfléchie et responsable, qui lui a évité d'abandonner le lycée et de se retrouver seule avec son enfant. Ça a aussi évité, car c'était un autre risque, que ses compagnes la considèrent comme une héroïne parce qu'elle était tombée enceinte.

— La solution a été trouvée par le rapprochement et non par le rejet ?

— C'est ça. Le geste du professeur, aller à sa rencontre, était un geste de témoin. Il a pris le risque de s'entendre répondre par la jeune fille : "Qu'est-ce que ça peut te faire ?" Heureusement, il avait pour lui sa grande humanité et ce geste d'amour. Quand on n'éduque qu'avec des principes théoriques, en oubliant que l'important c'est ce que l'on a devant soi, on tombe dans un fondamentalisme qui est inopérant pour les jeunes. Car les jeunes n'assimilent l'enseignement que s'il est accompagné d'un témoignage de vie et de proximité. Le risque, avec les années, c'est qu'ils fassent une crise, qu'ils explosent.

— Avez-vous une formule que vous recommanderiez pour éviter de tomber dans le rigorisme froid et distant, et pour éviter la démagogie qui consiste à vouloir se rendre sympathique en appliquant un relativisme total ?

— Des formules, aucune. Mais ce que je vais vous raconter va peut-être servir. J'ai pris l'habitude de demander aux prêtres de n'être ni rigoristes, ni laxistes lorsqu'ils sont dans un confessionnal. Le rigoriste est celui qui applique purement et simplement la norme : “La loi est la loi”. Le laxiste met la loi de côté : “Peu importe, c'est égal, la vie est ainsi faite, continue comme ça.” Le problème est qu'aucun des deux ne s'occupe de celui qui est en face de lui ; au contraire, ils s'en débarrassent. “Et alors que devons-nous faire, mon père ?” me demandent-ils. Je leur réponds : “Soyez miséricordieux.”

— La situation actuelle de l'école en Argentine est-elle satisfaisante ?

— Certainement pas. Les professeurs sont mal payés et ne peuvent pas vivre avec leur salaire. En outre, il y a trop d'élèves par classe, et les enseignants ne peuvent être près de chacun d'eux. Mais le problème ne date pas d'aujourd'hui. Par ailleurs, le pacte éducatif est rompu. Aujourd'hui les parents, les enseignants, les élèves, les corps de métier, l'État, les ordres religieux ne vont pas dans le même sens, comme il le faudrait, et qui en paie les conséquences ? les élèves. Il faut une action concertée.

— On estime que 68 % des fautes commises par les enseignants sont dues à des raisons psychologiques. Les enseignants sont surchargés de travail parce que beaucoup de parents ne jouent pas leur rôle, déléguant une partie de leurs responsabilités sur l'école.

— C'est vrai. Il n'y a pas longtemps, j'ai entendu des membres de la vicairie de l'archidiocèse chargée de l'éducation raconter que les élèves cherchaient par tous les moyens à parler avec leurs professeurs. Le fait est qu'ils se sentent désemparés parce qu'ils ne parlent pas suffisamment à la maison. Il est important de laisser parler l'enfant ; il a besoin d'oreilles, même si bien souvent nous estimons qu'il raconte des inepties. Il y aura toujours quelque chose pour l'identifier, le singulariser, car dans le fond, c'est ce que cherche l'enfant : qu'on le reconnaisse dans sa particularité, qu'on lui dise, "Tu es comme ceci". Je m'intéresse beaucoup à l'âge des "pourquoi", quand l'enfant s'éveille au monde et se sent peu sûr de lui. À cette étape-là, l'apprentissage est très important, non pas intellectuellement, mais pour la reconnaissance de la place qu'il occupe dans un monde qui le menace. Ce dont il a besoin n'est pas tant la réponse qui donne une explication, que le regard de son père ou de sa mère qui le rassure ; il a besoin de parler pour qu'on le regarde, qu'on l'identifie. Cette attitude se perpétuera dans le futur.

— De plus, les enseignants se sentent souvent désavoués par les parents qui refusent qu'on réprimande leurs enfants...

— À notre époque, et cela ne veut pas dire que c'était mieux ou pire avant, lorsque nous revenions à la maison avec un blâme, nous le sentions passer. Aujourd'hui, beaucoup de parents considèrent que le problème vient de l'enseignant, et ils vont le voir pour défendre leur enfant. En agissant de la sorte, c'est évidemment l'autorité du professeur qui est mise en cause et le gamin finit par ne plus le respecter. Quand on retire de l'autorité, on retire un espace pour l'évolution. Autorité vient de *augere*, qui signifie faire croître. Avoir de l'autorité, ce n'est pas faire acte de répression. La répression est une déformation de l'autorité qui, si elle est exercée avce justesse, implique de créer un espace pour que la personne puisse évoluer.

— Le terme a peut-être perdu de sa force…

— Bien sûr. Il est devenu synonyme de "c'est moi qui commande ici". C'est curieux, mais quand le père ou le maître commence à dire : "C'est moi qui commande ici" ou "Ici c'est moi le maître", c'est qu'il a perdu son autorité. Alors il doit la raffermir en utilisant la parole. Proclamer qu'on a la "clé" d'une chose implique qu'on ne l'a plus. Et avoir la "clé" ne veut pas dire commander, imposer, mais être au service de.

Chapitre 6

« Quand je jouais les Tarzan »

C'était à l'époque où Jorge Bergoglio était évêque auxiliaire de Buenos Aires. Un jour il ferma le dossier sur lequel il était en train de travailler et regarda l'heure. On l'attendait pour une retraite dans un couvent aux environs de Buenos Aires et il avait juste le temps d'aller prendre le train. Cela ne l'empêcha pas de faire le détour jusqu'à la cathédrale. Comme tous les jours, il voulait prier, ne fût-ce que quelques minutes devant le Saint-Sacrement, avant de poursuivre ses activités.

À l'intérieur de la cathédrale il fut soulagé par le silence et la fraîcheur qui contrastaient avec la chaleur torride de cet après-midi d'été. Alors qu'il sortait, un jeune homme qui ne semblait pas avoir toutes ses facultés s'approcha pour lui demander de le confesser. Il lui fallut faire un effort pour dissimuler un geste d'ennui à cause du retard que cela entraînerait.

« Le jeune homme, qui devait avoir vingt-huit, vingt-neuf ans, parlait comme s'il avait bu, mais j'ai vite compris qu'il devait être sous l'effet d'un médicament pour troubles psychiatriques », se souvient le cardinal. « Alors moi, témoin de L'Évangile, qui était en apostolat, je lui ai dit : "Un autre père va arriver et tu pourras te confesser à lui parce que je suis attendu." Je savais que le prêtre n'arriverait pas avant quatre heures, mais je me suis dit que puisque qu'il était sous l'emprise de médicaments, il ne s'en rendrait pas compte, et je suis parti d'un pas léger. Très vite, j'ai éprouvé une honte terrible, j'ai fait demi-tour et je lui ai dit : "Le père aura du retard, je vais te confesser." »

Bergoglio se souvient qu'après l'avoir confessé, il a conduit le jeune homme devant la Vierge pour lui demander de veiller sur lui en pensant qu'entre-temps le train avait dû partir. « En arrivant à la gare j'ai appris que le service était en retard et j'ai pu prendre le train, comme prévu. Au retour, je ne suis pas allé directement chez moi, je suis passé voir mon confesseur parce que cette histoire me pesait sur la conscience. Si je ne me confesse pas, demain je ne pourrai pas célébrer la messe, me suis-je dit. En fin de compte, c'était une situation où il ne pouvait y avoir de limites à l'efficience et l'efficacité. »

« *Quand je jouais les Tarzan* »

Le cardinal se montre sévère vis-à-vis de lui-même. « À cette époque-là, je jouais les Tarzan. » Il explique que « c'était le plein été, l'archevêque de Buenos Aires, le cardinal Antonio Quarracino, était en voyage et moi, en tant que vicaire général, j'étais chargé du diocèse. Le matin, je m'occupais des problèmes de la curie et à deux heures de l'après-midi, je partais à la gare de Once et je prenais le train pour Castelar, où je conduisais des exercices spirituels destinés à des religieuses. J'avais un esprit de suffisance très marqué, autant dire que j'étais en état de péché. Mais je ne m'en rendais pas compte. Je me disais plus ou moins ceci : "Qu'est-ce que je suis bon, qu'est-ce que je suis grand, que de choses je peux faire !" Mon attitude frisait l'orgueil. »

Bergoglio nous a raconté cet épisode lors d'une nouvelle rencontre avec lui, alors que nous venions de répéter une formule qu'il a maintes fois prononcée face à nous : « Faire son chemin de patience ». Que voulait-il dire avec ce concept ? Il ne nous a pas laissé le temps de formuler notre question jusqu'au bout, répondant si vite et avec une telle emphase que nous avons compris que nous avions, sans le vouloir, touché un point extrêmement important pour lui.

« C'est un sujet sur lequel je réfléchis depuis des années, depuis la lecture d'un ouvrage d'un auteur italien au titre très suggestif : *Teologia del fallimento*, c'est-à-dire *Théologie de l'échec*, dans lequel il raconte la façon dont Jésus est entré en patience. C'est à travers l'expérience de la limite, à travers le dialogue avec la limite que se forge la patience. Parfois la vie nous entraîne, non pas à agir mais à subir, supportant, surmontant nos limites et celles d'autrui. Faire son chemin de patience, c'est assumer le fait que ce qui mûrit, c'est le temps. Faire son chemin de patience, c'est laisser le temps baliser et pétrir nos vies. »

Nous ne pouvions éviter de faire référence à la réalité du pays en lui demandant s'il est d'accord pour dire que, dans certains cas, les Argentins semblent inaptes à la patience. Au lieu de construire patiemment leur avenir, ils veulent des résultats immédiats, cherchent la tangente, le chemin le plus court… « En dernière instance, c'est la dialectique entre le chemin et le sentier. Nous adorons les chemins de traverse, et ce n'est pas l'apanage des Argentins. Un chemin de traverse est comme un piège éthique : éviter le chemin et opter pour le sentier. Ça concerne aussi les petits riens de la vie, lorsque nous évitons le moindre effort. »

— Croyez-vous que la patience exige un apprentissage ?

— Oui, faire son chemin de patience suppose d'accepter que la vie soit un apprentissage continuel. Quand on est jeune, on croit pouvoir changer le monde, et c'est bien, ça doit se passer ainsi, mais plus tard, on cherche et on découvre la logique de la patience dans sa propre vie et dans celle d'autrui. Faire son chemin de patience, c'est assumer le temps et laisser les autres déployer leur vie. Un bon père ou une bonne mère sont ceux qui interviennent dans la vie de leur enfant pour lui donner des règles de conduite, pour l'aider, mais qui sauront ensuite devenir les spectateurs de leurs échecs, personnels ou pas, que les enfants finiront par surmonter.

— La parabole du fils prodigue pourrait être un exemple ?

— Cette parabole m'impressionne beaucoup. Le fils demande l'héritage, le père le lui donne puis le fils s'en va, il fait ce qui lui chante puis revient. L'Évangile dit que le père le voit venir de loin. De sorte qu'il a dû regarder depuis la fenêtre pour le voir arriver. Ce qui veut dire qu'il l'a attendu patiemment.

« Cela me rappelle l'époque de mon enfance, quand nous jouions au cerf-volant sur la petite place à côté de chez nous. Il y a un moment où la comète commence à tournoyer comme un huit et tombe. Pour éviter ça, il ne faut pas tirer sur le fil. "Lâche du lest, il vrille !" nous criaient les habitués. On peut comparer cette attitude, maintenir le cerf-volant en l'air, à celle qu'il faut avoir quant à l'évolution de la personne : à un certain moment il faut lâcher du lest pour l'empêcher de tournoyer. Il faut lui laisser le temps. Il faut savoir imposer des limites au moment juste. Mais, en d'autres occasions, il faut savoir tourner la tête et faire comme le père de la parabole, laisser le fils s'en aller et dépenser sa fortune afin qu'il fasse sa propre expérience.

— Et nous-mêmes ?

— Pareil. Nous devons nous laisser traverser par la patience. Surtout devant l'échec et le péché, quand nous comprenons que ce sont nos propres limites que nous brisons, quand nous avons été injustes ou ignobles. Cet après-midi-là, dans la cathédrale, je n'ai pas fait mon chemin de patience, parce que je devais prendre ce train dans lequel je suis quand même monté, puisqu'il était en retard. C'était un signe du Seigneur qui m'a dit : "Tu vois que tout s'arrange". Combien de fois dans la vie il faut ralentir, ne pas vouloir tout arranger d'un coup ! Faire son chemin de patience suppose tout ça, se convaincre qu'il est prétentieux de vouloir trouver une solution à tout. Ça nécessite un effort, mais sachant qu'on ne peut pas tout maîtriser. Il faut relativiser la mystique de l'efficacité.

— Face à la douleur, la patience est-elle une aide ?

— Plus que jamais. Nous savons que la vie ne peut apparaître au grand jour sans douleur. Non seulement les femmes souffrent en mettant un enfant au monde, mais toute personne, dans ce qui vaut réellement la peine et qui encourage l'évolution, doit traverser des périodes douloureuses. La souffrance participe de la fécondité. Mais attention, ce n'est pas une attitude masochiste, c'est accepter que la vie nous montre ses limites.

— Les chrétiens, comme d'autres croyants, devraient être les premiers à exercer la patience puisqu'ils s'en remettent à la volonté de Dieu…

— Attention, patience chrétienne ne signifie pas quiétisme ou passivité. C'est la patience de saint Paul, celle qui implique de porter l'histoire sur ses épaules. C'est l'image archétypale d'Énée qui, lors de l'incendie de Troie, fait monter son père sur ses épaules – *Et sublato patre montem petivi* –, il met son histoire sur ses épaules et s'en va vers la montagne en quête de futur.

— De là l'expression que vous répétez à l'envi : “Mettre la patrie sur ses épaules” ?

— Je ne sais pas, l'image m'est venue comme ça. »

Chapitre 7

LE DÉFI D'ALLER VERS LES GENS

Le jour était venu d'aborder spécifiquement les questions religieuses, certains aspects de la doctrine catholique et la façon dont l'Église mène son œuvre dans le monde contemporain. Mais par où commencer ? Le sujet est trop vaste. Bien sûr, nous n'avions pas l'intention d'épuiser Jorge Bergoglio, loin de là, mais de nous contenter d'ausculter sa pensée sur des problèmes délicats touchant à la société. En Argentine, il est devenu banal de dire que les gens se sont éloignés de la religion et, en particulier, de l'Église catholique, attirés bien souvent par le propos des communautés évangéliques. L'espèce de « privatisation » de la foi est phénomène bien connu ; c'est une manière de vivre le fait religieux sans aucune médiation ecclésiale – « Je crois en Dieu mais pas aux curés », selon l'adage populaire –, en préservant certains postulats et en rejetant d'autres, et en ne prêtant guère attention aux pratiques cultuelles et aux prises de positions de l'Église.

Les généralisations sont nécessairement inopérantes. La réalité de l'Église catholique en Europe, où elle a de sérieux problèmes, est différente de celle de certaines régions d'Afrique ou d'Asie, où elle fait l'objet d'une expansion significative. La situation du catholicisme aux États-Unis est mouvante, si bien que l'Amérique latine est peut-être une bonne synthèse – avec des nuances, cependant – des défis qui s'accumulent sur un catholicisme indéniablement érodé. Le peu d'informations fiables que nous avons sur l'évolution du nombre de fidèles complique l'analyse, mais on peut affirmer – sur la base d'estimations faites par des experts du Conseil épiscopal latino-américain (CELAM), lors de la conférence d'Aparecida, en 2007, – qu'au cours des dernières décennies, l'Église a perdu 20 % de ses fidèles sur le continent sud-américain, et que le drainage vers d'autres cultes sera encore plus important.

L'Argentine n'y échappe pas, et le pourcentage de fidèles a chuté, un peu moins cependant que la moyenne. Selon une enquête du Conseil national des sciences et des technologies (CONICET) et de quatre universités nationales, réalisée au début de 2008, 76,5 % des personnes disaient être d'obédience catholique, tandis que le pourcentage national de 1960 – date du dernier sondage effectué sur la situation de la religion catholique – avait donné un pourcentage de 90,5 %. Une enquête n'est pas un recensement, mais le résultat laisse penser que l'Église catholique aurait perdu 14 % de fidèles en quatre décennies. Autrement dit, trois Argentins sur quatre sont catholiques (même si l'assistance des fidèles au culte dominical, comme dans beaucoup d'autres pays, n'atteindrait pas les 10 %).

« Pensez-vous que l'Église fait correctement son travail ?

— Je vais vous parler de l'Église en Argentine, celle que je connais le mieux. Les lignes pastorales pour la nouvelle évangélisation, que nous, évêques, avons diffusées en 1990, commençaient par rappeler l'importance d'un accueil cordial. La tentation qui nous menace, nous, les prêtres, est d'être des administrateurs et non des pasteurs. Quand une personne va dans sa paroisse pour un sacrement ou autre chose, ce n'est plus le prêtre qui la reçoit, mais la secrétaire paroissiale qui, parfois, est une harpie. Je connais un diocèse où il y avait une secrétaire que les fidèles appelaient *la tarentule*. Le problème, c'est que ce type de personnes non seulement effraie les gens et les éloigne du curé, de la paroisse, mais également de l'Église et de Jésus. Il ne faut pas oublier que pour beaucoup de gens, la paroisse qui est au coin de la rue est la "porte d'accès" à la religion catholique. De là son importance.

— À la différence de la plupart des communautés évangélistes, où il y a une cordialité, une proximité, où on appelle les personnes par leur nom... Mais où l'on n'attend pas non plus que les gens viennent d'eux-mêmes, on va les chercher.

— Il est essentiel que nous, les catholiques – les prêtres comme les laïcs –, allions à la rencontre des gens. Un curé d'une grande sagesse me disait un jour que nous sommes dans une situation totalement opposée à celle dont parle la parabole du Bon Pasteur qui avait quatre-vingt-dix-neuf brebis dans son enclos, et qui est parti à la recherche de celle qui s'était égarée : nous en avons une dans l'enclos et quatre-vingt-dix-neuf que nous n'allons pas chercher. Je crois sincèrement que le rôle essentiel de l'Église, aujourd'hui, n'est pas de réduire le nombre de préceptes, de faciliter telle ou telle mesure, mais de sortir et d'aller vers les gens, de connaître chacun par son nom. Non seulement parce que c'est sa mission, sortir pour annoncer l'Évangile, mais parce que ne pas le faire lui est dommageable.

— Qu'est-ce à dire ?

— Une Église qui se contente d'administrer, qui vit repliée sur elle-même, est dans la même situation qu'une personne enfermée : elle s'atrophie au physique et au mental. Elle se détériore, comme une pièce close envahie par la moisissure et l'humidité. Une Église qui ne parle que d'elle vit la même chose qu'une personne qui ne pense qu'à elle, elle devient paranoïaque, autiste. Il est vrai qu'en descendant dans la rue on risque, comme n'importe qui, d'avoir un accident. Mais je préfère mille fois une Église accidentée plutôt qu'une Église malade. Une Église qui se contente d'administrer, de conserver son petit troupeau, est une Église qui, à la longue, devient malade. Le berger qui s'enferme n'est pas un véritable pasteur, mais un "peigneur" qui passe son temps à faire des frisettes au lieu d'aller chercher de nouvelles brebis.

— Comment l'appliqueriez-vous dans une grande ville comme Buenos Aires, par exemple ?

— Il y a quelque temps, je faisais remarquer à un journaliste italien que, d'après les sociologues de la religion, la zone d'influence d'une paroisse était de six cents mètres à la ronde. À Buenos Aires, la distance entre deux paroisses est d'environ deux mille mètres. Par conséquent, un jour j'ai proposé aux curés dont je m'occupais de louer un garage et, à condition de trouver un laïc disponible, de l'envoyer sur place pour demeurer un temps auprès des gens, donner des cours de catéchèse, et la communion aux malades ou à ceux qui le désirent. Un paroissien m'a répondu que si l'on faisait ça, les fidèles n'iraient plus à la messe. “Comment ça ? me suis-je exclamé. Il y a tant de gens aujourd'hui qui vont à la messe.” “C'est vrai”, m'a-t-il répondu. Aller vers les gens, c'est sortir un peu de nous-mêmes, de l'enclos de nos images personnelles qui peuvent devenir un obstacle, nous fermer l'horizon qui est Dieu ; se mettre en situation d'écoute. De toute façon, les prêtres connaissent leur devoir.

— Vous dites que ça s'applique également aux laïcs…

— Sans aucun doute. Le problème, comme le faisait remarquer le journaliste italien, c'est la cléricalisation, car il est fréquent que les curés cléricalisent les laïcs et que les laïcs demandent à être cléricalisés. Il s'agit là d'une complicité pécheresse. Ceci dit les laïcs ont un potentiel qui n'est pas toujours bien utilisé. Nous croyons que le baptême suffit pour aller vers les gens. Je pense à ces communautés chrétiennes du Japon qui sont restées sans prêtres durant plus de deux cents ans. Quand les missionnaires sont revenus, ils ont vu que tout le monde avait été baptisé, catéchisé, dûment marié à l'Église. De plus, ils ont découvert que tous ceux qui étaient morts avaient eu droit à des funérailles catholiques. La foi était demeurée intacte, protégée par la grâce, et la vie des laïcs en avait bénéficié ; baptisés, ces laïcs avaient pu vivre leur mission apostolique.

— Il est également vrai que jadis on pouvait compter sur une société plus stable en termes religieux, avec des "fidèles captifs", qui avaient "hérité" de la foi et qui suivaient les préceptes de l'Église, plus ou moins, bien sûr. Aujourd'hui, le "marché religieux" est plus compétitif et les gens sont plus soupçonneux quant aux orientations religieuses.

— Il y a quelques mois de cela, nous avons rendu publiques, à Buenos Aires, quelques orientations pour la promotion du baptême qui vont dans ce sens. J'aimerais vous lire ce que nous avons écrit dans notre présentation : "L'Église, parce qu'elle vient d'une époque où le modèle culturel dominant la favorisait, s'est habituée à ce que ses instances soient ouvertes à tous, à tous ceux qui nous solliciteraient. C'était pertinent dans une communauté évangélisée. Mais dans la situation actuelle, l'Église a besoin de transformer ses structures et ses approches pastorales en les orientant vers le geste missionnaire. Nous ne pouvons pas persévérer dans le clientéliste et attendre passivement le "client", le fidèle ; il nous faut des structures qui nous permettent d'aller vers ceux qui ont besoin de nous, là où sont les gens, vers ceux qui répugnent à frayer avec des structures et des formes caduques, qui ne répondent pas à leurs expectatives ni à leur sensibilité. Il faut faire preuve d'imagination et revoir notre manière d'être présents dans les différents milieux de la société, afin que les paroisses et les institutions soient au cœur de ladite société. Revisiter la vie interne de l'Église pour aller vers le peuple de Dieu. Opérer une conversion pastorale et passer d'une Église "régulatrice de la foi" à une Église qui transmet et facilite la foi.

— Ce qui suppose un changement de mentalité…

— Cela suppose une Église missionnaire. Un haut membre de la curie romaine, qui avait longtemps été prêtre, m'a dit un jour qu'il avait fini par connaître jusqu'au nom du chien de ses fidèles. Je ne me suis pas dit, Quelle bonne mémoire il a, mais quel curé exceptionnel ! "Tu auras beau être nommé cardinal, jamais tu ne cesseras d'être qui tu es", lui ai-je répondu. Les exemples abondent. Le cardinal Casaroli, qui est devenu secrétaire de l'État du Vatican, allait dans une prison pour mineurs tous les week-ends. Il y allait toujours en autobus, en soutane et la serviette sous le bras. Un jésuite, qui aimait beaucoup aller dans les prisons, m'a raconté que lorsqu'il avait commencé, il avait été très surpris par le zèle apostolique d'un prêtre qui enseignait le catéchisme à ces mineurs et jouait avec eux. Il était tellement impressionné qu'il a commencé à se confesser à lui. Avec le temps, il a découvert qu'il s'agissait de Casaroli !

— Ça doit être difficile d'éviter le piège de la bureaucratie.

— Oui, mais c'est essentiel. Peu avant de mourir, Jean XXIII a eu une longue discussion avec Casaroli, et au moment où ce dernier allait se retirer, le pape lui a demandé s'il continuerait de rendre visite aux jeunes de la prison. "Ne les abandonnez pas", telle fut sa recommandation. Jean XXIII était lui aussi un pasteur qui sortait dans la rue. Comme il était patriarche de Venise, il avait pris l'habitude d'aller tous les jours à onze heures sur la place Saint-Marc pour accomplir le "rite de l'ombre", qui consiste à se mettre à l'ombre d'un arbre ou d'une cloison, dans un bar, et de boire un verre de vin blanc pour discuter quelques minutes avec les clients. Il le faisait comme n'importe quel Vénitien, puis il reprenait son travail. Voilà ce qu'est pour moi un pasteur, quelqu'un qui va vers les gens.

— Il ne faut pas seulement aller à la rencontre des gens, il faut aussi les convaincre. Ne pensez-vous pas que certains prêches, pleins de réprimandes, peuvent les effrayer ?

— Bien entendu. Les gens s'en vont, quand ils ne se sentent pas accueillis, quand ils ne se sentent pas reconnus dans les petits gestes de la vie, quand on ne va pas les chercher. Mais aussi quand on ne les fait pas participer à la joie du message évangélique, à la félicité de vivre chrétiennement. Le problème ne vient pas seulement des curés, mais des laïcs. Ne voir que ce qu'il y a de négatif, ce qui nous sépare, n'est pas le fait d'un bon catholique. Ce n'est pas ce que veut Jésus. Non seulement ça effraie et ça mutile le message, mais ça implique que l'on refuse d'assumer les choses de la vie, alors que le Christ a tout assumé. On ne rachète que ce qui a été assumé. Si l'on n'assume pas le fait que, dans la société, il y a des personnes qui vivent suivant des critères différents et même opposés aux nôtres, que nous ne les respectons pas et ne prions pas pour elles, jamais elles ne seront rachetées dans notre cœur. Nous devons faire en sorte que l'idéologie ne gagne jamais sur la morale.

— La Bible a les Dix Commandements, mais aussi les Béatitudes. Benoit XVI a fait remarquer un jour que la religion catholique n'était pas un "catalogue d'interdits".

— Je suis tout à fait d'accord. C'est très clair dans ses encycliques sur la charité et l'espérance. D'autre part, lorsque Benoît XVI a été en Espagne, tout le monde a pensé qu'il critiquerait le gouvernement de Rodriguez Zapatero à cause de ses différends avec l'Église catholique. Quelqu'un lui a même demandé s'il avait parlé du mariage homosexue avec les autorités espagnoles. Le pape a répondu que non, qu'ils avaient parlé de questions positives, que le reste viendrait plus tard. Il voulait dire qu'il fallait d'abord souligner les aspects positifs, ce qui nous unit, non pas les aspects négatifs, ce qui divise ; la priorité est la rencontre entre personnes, avancer ensemble. Ensuite, aborder les différences est plus facile.

— En contrepartie, n'existe-t-il pas une tendance croissante à la "religion à la carte", choisir le prêtre qui plaît le plus, les préceptes les moins dérangeants ?

— C'est une tendance très répandue dans notre société de consommation. Certains choisissent une messe selon le prêche du curé et, deux mois plus tard, critiquent le chœur et changent à nouveau. Il y a un glissement du fait religieux vers l'esthétique. On change de gondole dans le supermarché du religieux. C'est la religion considérée comme un produit de consommation, un phénomène à mon avis étroitement lié à un certain théisme diffus, élaboré avec les paramètres du New Age, qui mélangent satisfaction personnelle, relaxation, "être bien". Ce phénomène se voit surtout dans les grandes villes, mais il ne se limite pas aux milieux cultivés. Dans les milieux populaires, dans les bidonvilles, parfois on va chercher un pasteur évangélique parce ce qu'"il me revient".

— Mais est-ce si grave que les gens assistent à la célébration qui les émeut le plus ou qu'ils aillent voir un prêtre qui les enthousiasme davantage ?

— Ou celui qui correspond à leurs idées politiques, car au sein de cette “religion à la carte”, on fait parfois des choix religieux basés sur l'idéologie. Je choisis telle ou telle messe parce que le prêtre a une doctrine qui me plaît ou parce que tel ou tel curé est “plus ouvert” ou “plus progressiste”. Pour répondre plus précisément à votre question, je dirais que ce serait grave si cela exprimait l'absence d'une rencontre personnelle avec Dieu. Je pense qu'il faut réinventer le fait religieux en tant que mouvement visant la rencontre avec Jésus Christ.

— À propos, quelle est votre opinion sur ce qu'on appelle la “théologie de la libération” ?

— Elle était la conséquence d'une interprétation du concile Vatican II. Et comme tout mouvement issu d'un tournant effectué par l'Église, elle a eu du bon et du mauvais, de bonnes mesures et des excès. Comme vous le savez, à l'époque, Jean-Paul II avait chargé celui qui était encore le cardinal Ratzinger d'étudier la “théologie de la libération”, ce qui a débouché sur deux petits opuscules qui l'analysent, qui signalent ses limites (dont l'appel à l'herméneutique marxiste de la réalité), mais qui montrent également ses aspects positifs. En d'autres termes, la position de l'Église en la matière est un vaste champ.

— Vous voulez dire qu'il n'y a pas eu de condamnation en bloc, comme on le dit en général ?

— En effet. Je ne parlerai pas non plus d'une condamnation de certains aspects, mais d'une dénonciation. Choisir de s'adresser aux pauvres est un message fort de l'après-concile. Non qu'il n'ait été exprimé auparavant, mais l'après-concile l'a mis en évidence. La préoccupation vis-à-vis des pauvres telle qu'elle a fait irruption au sein du catholicisme dans les années soixante était un bouillon de culture qui permettait d'y introduire n'importe quelle idéologie. Cela pouvait aller jusqu'à dénaturer un précepte que l'Église avait mis en valeur au concile Vatican II et qu'elle répète depuis : emprunter le chemin juste pour répondre à une exigence évangélique absolument incontournable, centrale, le souci des plus pauvres, une position qui me semble avoir été bien définie dans la conférence des évêques d'Aparecida.

— Vous pensez que certains adeptes de la "théologie de la libération" n'ont pas pris le bon chemin ?

Il y a eu des déviations. Mais ils ont été des milliers d'agents pastoraux, qu'ils soient prêtres, religieux, religieuses, laïcs jeunes et vieux, à s'engager comme le veut l'Église. Ils ont été à l'honneur et ils ont fait notre bonheur. Le danger d'une infiltration idéologique a disparu peu à peu, à mesure que s'est développée la conscience de cette grande richesse de notre peuple qu'est la piété populaire.

Pour moi, la meilleure analyse de la religiosité populaire se trouve dans l'exhortation apostolique de Paul VI *Evangelii Nuntiandi*, reproduite dans le document d'Aparecida. Plus les agents pastoraux découvrent la piété populaire, plus l'idéologie s'estompe, parce qu'ils se rapprochent des gens et de leurs problèmes, avec une herméneutique réelle, émanant du peuple lui-même.

— Maintenant, jusqu'où l'Église peut-elle s'intégrer dans la réalité, en dénonçant les injustices par exemple, sans pour autant se politiser ?

— Je crois que le mot "partisane" est celui qui s'ajuste le mieux à la réponse que je veux donner. Le problème est de ne pas participer à la politique partisane, mais à la grande politique qui naît des Commandements et de l'Évangile. Dénoncer les violations des droits de l'homme, l'exploitation ou l'exclusion, les carences dans l'éducation ou dans l'alimentation, ce n'est pas avoir une attitude partisane. L'Abrégé de doctrine sociale de l'Église est plein de dénonciations et il n'est pas partisan. Lorsque nous exprimons nos opinions, certains nous accusent de faire de la politique. Je leur réponds que nous faisons de la politique, mais dans le sens évangélique de la parole, qui n'est pas partisane. C'est autre chose, la politique partisane, d'ailleurs, dans cette perspective, pensons aux nombreux exemples qui ont jalonné notre institution. »

Où que vous soyez
la parole de Dieu
vous accompagne

en Église

Votre bon d'abonnement au verso ▶

BULLETIN D'ABONNEMENT

Prion

OUI, JE SOUHAITE BÉNÉFICIER DE L'OFFRE D'ABONNEMENT « 3 MC

ÉDITION POCHE (13 x 11.9 cm)
1 an d'abonnement (12 nos)
+ 3 MOIS OFFERTS soit 15 nos
pour 36€ au lieu de ~~52.50€~~
soit 2.40€ le numéro.

SOIT 31% DE RÉDUCTION

ÉDITION GRAND FORMAT
1 an d'abonnement (12 nos
+ 3 MOIS OFFERTS soit 15
pour 43€ au lieu de ~~60€~~
soit 2.86€ le numéro.

ABONNEZ-VOUS SUR : www.prionseneglise.fr
CODE OFFRE : A 172612 Paiement rapide et sécurisé.
Dès l'enregistrement de votre abonnement, un mail de confirma
vous sera adressé et vous pourrez aussi consulter votre revue en

MES COORDONNÉES

MME M. PRÉNOM

NOM

COMPLÉMENT D'ADRESSE (RÉSIDENCE, ESC, BAT.)

NUMÉRO VOIE (RUE, BD, AV, CH, IMP...)*

LIEU-DIT

CODE POSTAL VILLE

DATE DE NAISSANCE TÉLÉPHONE

E-MAIL @

Précisez votre adresse email afin que nous puissions vous adresser un récapitulatif de com

Ou renvoyez le bon d'abonnement **PAR COURRIER,** accompagné de votre chèque libellé à l'ordre de Bayard, à :
BAYARD – TSA 60007 – 59714 LILLE CEDEX 9.

OU TÉLÉPHONEZ au
0825 825 831 (0.15€ / min.)
Précisez votre code offre
A 172612

EN VENTE ÉGALEMENT EN LIBRAIRIE RELIGIEUSE.

POUR LES AUTRES PAYS : CONSULTEZ LE SUPPLÉMENT **BELGE** – TÉL. 0800/90028 (APPEL GRATUIT) WWW.BAYARDCH
SUISSE : (022) 860 84 02 – U. E./DOM-TOM : (33) 1 74 31 15 01

Chapitre 8

Le risque de défigurer le message religieux

Dans un chapitre précédent, Jorge Bergoglio a formulé, comme en passant, une définition édifiante : « Le rôle de l'Église n'est pas de réduire le nombre de préceptes ni de faciliter telle ou telle mesure, mais plutôt de sortir et d'aller vers les gens. » Il faisait sans doute référence à une volonté de plus en plus présente dans notre société, et parmi de nombreux fidèles : le catholicisme devrait modifier une série de conceptions et de normes pour « être plus en phase avec le temps » et éviter, supposément, une saignée de fidèles. Ces requêtes visent certains problèmes de morale sexuelle : rapports prématrimoniaux, moyens contraceptifs, prévention du sida, communion pour les catholiques divorcés à l'occasion d'une nouvelle union. Nous pensions qu'elles méritaient un développement.

« N'existe-t-il pas une brèche trop importante entre certaines prescriptions de l'Église et la façon dont vivent aujourd'hui les catholiques ?

— Pour vous répondre, il faut que j'opère un retour en arrière. Le chemin de l'éthique qui fait partie de l'être humain est pré-religieux. Toute personne, qu'elle soit croyante, agnostique ou athée, ne peut éluder la question éthique, qui va des principes les plus généraux – le premier étant de "faire le bien et éviter le mal" – aux plus particuliers. Dans la mesure où l'homme découvre et met en pratique ces principes, il réduit la brèche. Je dirais qu'il s'agit d'une brèche de croissance. Il existe aussi une brèche contractuelle, celle du "Bah, tout ça se vaut, on se retrouvera tous là-bas dans le four", selon les paroles du tango *Cambalache*. On la trouve aussi bien chez l'agnostique que chez l'athée ou le croyant. C'est, si l'on veut, le problème de la double vie. Ou de la double morale.

— Par exemple ?

— Je déclare être catholique mais je ne paie pas mes impôts. Ou je trompe mon mari ou ma femme. Ou je ne prête pas suffisamment attention à mes enfants. Ou encore j'ai placé mon père ou ma mère dans un asile de vieillards, tel un pardessus dans un placard pour l'été, avec un petit paquet de naphtaline, et je ne leur rends jamais visite. Ou alors je trompe les gens, je trafique une balance ou un taximètre. Je finis par m'habituer à la fraude : je fraude non seulement l'État ou ma famille, mais je me fraude moi-même. Généralement, quand on parle de double vie, on pense à une personne qui a deux familles ou un curé qui a une femme. Mais la double vie est tout ce qui rend frauduleuse notre façon de vivre, les principes éthiques qui sont en nous. En définitive, le défi éthique, comme le défi religieux, passe par la cohérence entre les principes et la conduite.

— Sur certains problèmes, il existe une forte acceptation de la part de la société…

— Je dirai qu'il y a une dévalorisation des principes éthiques pour justifier leur non-application. Par exemple, et je reviens sur un problème emblématique, quand je participe à une discussion, je demande aux gens s'ils payent leurs impôts – parce que c'est une question que nous devons poser –, et beaucoup me répondent par la négative. Un des arguments avancés est que cet argent est volé par l'État. “Je le garde et j'en donnerai moi-même aux pauvres plutôt que de le voir finir sur un compte en Suisse”, me répond-on. Les gens se rassurent à peu de frais. Aujourd'hui, rares sont ceux qui espèrent conclure une affaire en disant la simple vérité. Nous avons pris l'habitude de dire “Ça, c'est bien fini” ou “Ceci ne se fait plus”. Toutes ces expressions sont des échappatoires face à ces manquements aux principes éthiques fondés sur le mauvais comportement d'autrui ou de soi-même.

— Cependant, les conceptions et les comportements changent avec le temps et pas toujours dans le sens négatif…

— C'est que la culture progresse en général dans le sens de la captation de la conscience morale. La morale, elle, ne change pas. Nous la portons tous en nous. Le comportement éthique fait partie de notre être. Le fait est que nous l'expliquons toujours mieux. Aujourd'hui, par exemple, il existe une conscience de plus en plus forte face à l'immoralité de la peine de mort. Autrefois, on soutenait que l'Église catholique était en faveur de la peine de mort, ou du moins qu'elle ne la condamnait pas. La dernière version du catéchisme demande son abolition pure et simple. En d'autres termes, nous avons pris vraiment conscience que la vie est un bien sacré et qu'un crime, aussi horrible soit-il, ne peut justifier la peine de mort. On pourrait dire la même chose de l'esclavage, ce qui ne l'empêche pas de se manifester sous d'autres formes.

— C'est-à-dire ?

— Il existe à ce jour des types d'esclavage cachés, aussi cruels que par le passé. Nul n'aurait l'idée aujourd'hui d'embarquer des esclaves dans un avion, sans compter que l'individu finirait en prison. Mais nous savons qu'il y a des Boliviens qui viennent en Argentine pour travailler dans des conditions d'exploitation infrahumaines, dans des entreprises du Sud ou dans des ateliers clandestins, et qui finissent dans les bidonvilles de la capitale ou du grand Buenos Aires. Ou des Dominicaines que l'on fait venir pour la prostitution. Ce sont des formes modernes d'esclavage. Mais j'insiste, comme la conscience morale des cultures progresse, la personne aussi, dans la mesure où elle souhaite une vie plus droite, affine sa conscience, et c'est un fait non seulement religieux, mais humain.

— L'Église n'insiste-t-elle pas trop sur certains aspects du comportement humain, comme celui de la morale sexuelle ?

— L'Église prêche ce qu'elle considère être le meilleur pour chacun, ce qui rend chacun plus fort, plus heureux. Des réductions dégradantes sont assez fréquentes. Je m'explique, l'important dans un prêche, c'est l'annonce de Jésus-Christ qui, en théologie, s'appelle le *kerygma*. Ce terme signifie que Jésus-Christ est Dieu, qu'il s'est fait homme pour nous sauver, qu'il a vécu dans le monde comme chacun de nous, qu'il a souffert, qu'il est mort, qu'il a été enterré et qu'il est ressuscité. Voilà ce qu'est le *kerygma*, l'annonce du Christ qui provoque la stupeur, qui mène à la contemplation et à la croyance. Certains croient immédiatement, comme Madeleine. D'autres croient après avoir douté. Et d'autres encore ont besoin de mettre le doigt sur la plaie, comme Thomas. Chacun a sa façon de parvenir à la croyance. La foi, c'est la rencontre avec Jésus-Christ.

— Vous voulez dire que certains sont davantage préoccupés par les problèmes sexuels que par le cœur du message religieux ?

— J'y viens. Après la rencontre avec Jésus-Christ vient la réflexion, qui est le travail de la catéchèse. La réflexion sur Dieu, le Christ et l'Église, d'où l'on tire ensuite nos principes, nos conduites morales religieuses, qui ne sont pas en contradiction avec les conduites humaines, mais qui leur offrent une plus grande plénitude. J'observe chez certaines élites chrétiennes une dégradation du fait religieux parce qu'elles ne vivent pas leur foi.

— Sur quoi se fonde votre observation ?

— Sur le fait qu'on passe directement à la catéchèse, de préférence dans la sphère morale, sans prêter attention au *kerygma*. Il suffit d'écouter certaines homélies, qui doivent comprendre le *kerygma* et une partie de catéchèse, mais qui finissent par être morales, avec une bribe de catéchèse. Et au sein de la morale – moins dans les homélies qu'ailleurs –, on préfère parler de la morale sexuelle, de tout ce qui est lié au sexe. Savoir si on peut faire ceci ou ne pas faire cela. Savoir si on est coupable ou pas. Ce faisant, nous reléguons le trésor de Jésus-Christ vivant, le trésor de l'Esprit Saint dans nos cœurs, le trésor d'un projet de vie chrétienne qui a bien d'autres implications, au-delà des questions sexuelles. Nous laissons de côté une catéchèse richissime, avec les mystères de la foi, le credo, et nous finissons par nous concerter pour savoir s'il faut organiser ou pas une marche contre un projet de loi autorisant l'utilisation du préservatif.

— Un type de sujets qui semble mobiliser davantage certains fidèles que le fait d'aller annoncer l'Évangile…

— À l'occasion de la dénommée loi de santé reproductive, sur la contraception, certaines élites intellectuelles ont voulu aller dans les écoles pour convoquer les élèves à une manifestation contre le projet parce qu'elles considéraient, avant toute chose, que cela allait contre l'amour. Il est vrai que, culturellement, l'amour est devenu très génital, au point que dans bien des cas il s'est transformé en une affaire commerciale, en un simple produit de consommation. Mais l'archevêque de Buenos Aires s'est opposé à ce que les gamins y prennent part, considérant que cela ne les concernait pas. À titre personnel, j'estime qu'un enfant est plus sacré qu'un débat au Parlement. J'ai interdit que soient convoqués des jeunes de moins de dix-huit ans, mais j'ai donné ma permission pour ceux qui étaient en âge de voter. De toute façon, certains collectifs ont fait irruption avec des élèves venant de collèges du grand Buenos Aires. Pourquoi cette obsession ? Ces gamins se sont retrouvés devant ce qu'ils n'avaient jamais vu : des travestis ayant une attitude agressive, des féministes chantant des chants très crus. En d'autres termes, les adultes ont fait venir les adolescents pour qu'ils assistent à des scènes très désagréables.

— Ils voulaient sans doute réunir le plus de monde possible.

— Ce n'est pas une raison pour en appeler à des mineurs. On ne doit pas manipuler les jeunes. Je vais vous raconter une anecdote : un séminariste aux idées extrémistes est ordonné prêtre. Quelques jours plus tard, il doit officier pour la première communion de fillettes d'un collège de religieuses. Quoi de plus beau que d'évoquer devant elles la beauté de Jésus ! Mais non, avant la communion il leur rappelle les conditions pour accueillir ladite communion : jeûner une heure, être dans la grâce divine et… ne pas recourir à un moyen de contraception ! Toutes ces fillettes étaient vêtues de blanc, et il n'a rien trouvé de mieux que de leur balancer la contraception au visage. Voilà le type de distorsion qui arrive parfois. C'est ce que je veux dire lorsque je parle d'une réduction, d'une dégradation de la beauté du *kerygma* vers la morale sexuelle.

— Autre sujet qui suscite la controverse, le refus de l'Église de donner la communion aux divorcés à l'occasion d'un nouveau mariage. Que dites-vous aux personnes qui se trouvent dans cette situation et souffrent de ne pouvoir accueillir l'eucharistie ?

— Qu'ils doivent s'intégrer à la communauté paroissiale et y travailler parce qu'il y a dans une paroisse des choses qu'ils peuvent faire. Qu'ils cherchent à faire partie de la communauté spirituelle, c'est ce que conseillent les documents pontificaux et le magistère de l'Église. Le pape a fait remarquer que dans cette situation, l'Église les accompagne. Il est vrai que certains souffrent de ne pouvoir communier. Ce qu'il faut, c'est bien expliquer les choses. Une explication théologique, parfaitement exposée par certains prêtres, et que les gens comprennent très bien.

— Parlons du combat contre l'avortement.

— Je le situe au sein du combat en faveur de la vie, depuis la conception jusqu'à la mort, digne et naturelle. Ce qui inclut le soin de la mère pendant la grossesse, l'existence de lois qui protègent la femme après l'accouchement, l'assurance d'une alimentation adéquate pour les enfants, surveiller la santé de chacun au long de sa vie, veiller sur les personnes âgées et ne pas avoir recours à l'euthanasie. Il ne faut pas non plus se "tuer" avec une mauvaise alimentation, avec une éducation absente ou déficiente, qui sont des façons de se priver d'une vie riche.

— Nombreux sont ceux qui disent que s'opposer à l'avortement est un problème religieux.

— Pensez-vous... Une femme enceinte n'a pas dans son ventre une brosse à dents, ni une tumeur. La science nous apprend que dès la conception, le fœtus possède son code génétique. C'est impressionnant. Ce n'est donc pas une affaire religieuse, mais clairement morale, et fondée sur des études scientifiques ; nous sommes en présence d'un être humain.

— Mais le niveau moral de la femme qui avorte est-il équivalent à celui qui pratique l'avortement ?

— Je ne parlerais pas de niveau. J'éprouve beaucoup plus, non pas de pitié, mais de compassion, au sens biblique – c'est-à-dire compatir et accompagner une femme qui avorte pour obéir à je ne sais quelles pressions – pour une femme, donc, que pour ces professionnels, ou non professionnels, qui agissent pour de l'argent et avec quelle froideur !

« Plus encore, dans les cliniques qui pratiquent des avortements clandestins, ces gens se débarrassent immédiatement des femmes, craignant d'éventuelles dénonciations ou une descente de police. On les renvoie sans autre ménagement chez elles et si elles perdent du sang, qu'elles se débrouillent. Cette dureté contraste avec les problèmes de conscience, les remords qui agitent, des années plus tard, beaucoup de femmes qui ont avorté. Il faut avoir été dans un confessionnal et avoir écouté ces drames ! car elles savent qu'un enfant a été tué.

— L'Église ne ferme-t-elle pas une porte qui éviterait des avortements en s'opposant à la contraception et, dans certains endroits, en bridant l'éducation sexuelle ?

— L'Église ne s'oppose pas à l'éducation sexuelle. Personnellement, je pense qu'elle doit accompagner l'évolution des enfants, avec une adaptation à chaque étape. À la vérité, l'Église a toujours donné des cours d'éducation sexuelle, même s'il est vrai qu'elle ne l'a pas toujours fait à bon escient. Le problème, c'est qu'aujourd'hui tous ceux qui brandissent la bannière de l'éducation sexuelle la conçoivent comme séparée de la personne humaine. Alors, au lieu d'avoir une loi sur l'éducation sexuelle pour le bien-être de la personne, au nom de l'amour, on a une loi destinée au plaisir génital. Telle est notre objection. Nous ne voulons pas que la personne humaine soit dégradée. Voilà tout. »

Chapitre 9

Le clair-obscur de la conscience

Nous ne pouvions clore notre entretien sur l'Église sans aborder deux thèmes sensibles : les abus sexuels commis sur des mineurs par des prêtres, et la question du célibat. Les nombreux scandales de prêtres pédophiles, entre autres ceux qui ont éclaté aux États-Unis, ont incité le Saint-Siège à adopter une nouvelle attitude, qui, face à des situations d'une extrême gravité, devrait ôter tout soupçon de complicité, et à réagir avec une extrême sévérité. Cela a fait ressurgir le débat sur le célibat, ces deux phénomènes étant soi-disant liés. Un débat qui a coutume d'inclure – parmi les arguments les plus fréquemment brandis – le manque croissant de prêtres.

Nous avons donc estimé pertinent de poser trois questions essentielles au cardinal Bergoglio : la fin du célibat entraînerait-elle une baisse significative des actes pédophiles ? Favoriserait-elle une augmentation du nombre de prêtres ? Le célibat est-il envisageable à moyen ou à long terme ?

Le cardinal n'a pas mis longtemps à nous répondre.

« Voyons… Je vais commencer par la fin… Si l'Église revoit un jour sa position sur le célibat… Tout d'abord, je dois dire que je n'aime pas jouer les devins. Mais si l'Église décidait de réformer cette règle, je ne pense pas qu'elle le ferait à cause du manque de prêtres. Je ne pense pas non plus que cela encouragerait ceux qui souhaitent embrasser le sacerdoce. Dans l'hypothèse où elle appliquerait une telle mesure, ce serait pour une raison culturelle, comme cela s'est produit avec l'Église d'Orient, où l'on ordonne des hommes mariés. Là-bas, à une époque donnée et dans une culture donnée, il en fut ainsi et il en est encore ainsi aujourd'hui. J'insiste : si l'Église changeait un jour sur ce point, ce serait pour une raison culturelle, dans un endroit précis, non de façon universelle ou en suivant un choix personnel. Telle est ma conviction.

— Mais il faudra bien en débattre un jour ?

— À l'heure d'aujourd'hui, je souscris à la position de Benoît XVI : le célibat doit être maintenu, j'en suis convaincu. Ensuite, quelle incidence cela a-t-il sur le nombre de vocations ? Je ne suis pas certain que la suppression du célibat entraînerait leur multiplication et pallierait la pénurie de prêtres. J'ai entendu une fois un curé dire que la suppression du célibat permettrait non seulement de ne plus vivre seul et d'avoir une femme, mais encore d'hériter en prime d'une belle-mère... [*Rires*]

— Et de bien d'autres avantages encore...

— Blague à part, effectivement.

— Mais que répondre à ceux qui prétendent que le mariage des prêtres pourrait prévenir des perversions sexuelles ?

— 70 % des actes pédophiles ont lieu dans le cercle familial ou dans le voisinage des victimes. Nous connaissons pour les avoir lus les récits d'enfants abusés par leurs pères, leurs grands-pères, leurs oncles, quand ce ne sont pas leurs beaux-pères. Ce sont avant tout des perversions d'ordre psychologique, plutôt que des actes liés à un vœu de célibat. Si un curé a un comportement pédophile, c'est parce qu'il portait en lui ce vice avant son ordination. Et le célibat ne peut pas non plus le guérir de cette perversion. On l'a ou on ne l'a pas. C'est pourquoi il faut faire très attention lors de la sélection des candidats à la prêtrise. Au séminaire métropolitain de Buenos Aires, nous avons reçu environ 40 % des postulants. Nous suivons de très près leur maturation. Beaucoup n'ont pas la vocation et abandonnent en cours de route, même si ce sont par ailleurs des personnes de grande valeur qui, par la suite, se marient, et deviennent des laïcs formidables dans les paroisses.

— Vous avez toujours été aussi exigeants, ou bien l'êtes-vous devenus depuis la vague de scandales ?

— Le niveau d'exigence se renforce depuis longtemps. Nous faisons passer un test de sélection très sérieux à chaque candidat. Un individu atteint de troubles psychologiques présente des risques de mégalomanie, de conduite malhonnête ou délictueuse. Je me souviens d'un garçon aux manières étranges. J'ai décidé de l'envoyer consulter une psychiatre, l'une des cinq meilleures interprètes du test de Rorschach en Argentine, qui a diagnostiqué un des cas de psychose paranoïaque les plus graves qu'elle avait jamais rencontrés. Mais la sélection doit être rigoureuse, aussi bien sur le plan humain que spirituel. Nous devons exiger une vie de prière assidue – nous demandons toujours à nos séminaristes comment ils prient – et un dévouement à autrui et à Dieu bien ancré.

— Au-delà du suivi de la vocation, des désertions du ministère sacerdotal ont toujours cours, surtout pour former un couple.

— Le célibat est un choix de vie, au même titre que, par exemple, vivre dans la pauvreté. Il arrive qu'il soit remis en cause lorsque le prêtre rencontre une femme dans la paroisse, et croit s'en éprendre. Disons que les curés sont parfois confrontés à des sentiments amoureux, ce qui est normal. Il s'agit d'une croix et d'une occasion nouvelle de réaffirmer le choix de Dieu. Mais attention : il convient de différencier le véritable amour et un simple engouement ou une attirance sexuelle. C'est vrai, un prêtre tombe parfois réellement amoureux ; ce qui le conduit à revoir sa vocation et à changer de vie. Il va trouver l'évêque, et lui dit : "J'en suis là… je ne pensais pas que j'éprouverais un jour un sentiment aussi beau… cette femme, je l'aime vraiment…" Puis il demande à quitter le sacerdoce.

— Et vous, comment réagissez-vous ?

— Je suis le premier à accompagner un prêtre à cette étape de sa vie ; je ne l'abandonne pas, je le suis tout au long du chemin, dans l'élaboration spirituelle de ce qu'il vit. S'il est sûr de sa décision, je l'aide même à trouver un emploi. Mais ce que je ne tolère pas, c'est la double vie. S'il ne peut pas remplir son ministère, je lui conseille de rester chez lui, le temps que nous demandions une dispense, c'est-à-dire l'accord de Rome qui l'autorise à recevoir le sacrement du mariage. La confrérie ne doit pas s'en scandaliser, on ne peut pas maltraiter l'âme d'un paroissien. La miséricorde de Dieu s'applique à tous.

— Pourtant, des psychologues affirment que l'Église joue beaucoup sur la culpabilité, tandis que les prêtres dénoncent la perte du sens du péché.

— Pour moi, se sentir pécheur est un des plus beaux sentiments qu'une personne puisse éprouver, à condition de l'assumer jusqu'au bout. Je m'explique : saint Augustin, en parlant de la rédemption et en pensant au péché d'Adam et Ève, à la Passion et la résurrection de Jésus, commentait : "Heureux péché qui nous valut la rédemption." C'est ce que nous chantons la nuit de Pâques : "Heureuse faute, heureux péché". Quand un être prend conscience qu'il est pécheur et qu'il est sauvé par Jésus, il s'avoue cette vérité et découvre la perle cachée, le trésor enterré. Il découvre une nouvelle dimension de la vie : il existe quelqu'un qui l'aime profondément et qui a donné sa vie pour lui.

— Si l'on suit votre raisonnement, la perte du sens du péché rendrait plus difficile la rencontre avec Dieu ?

— Il y a des gens qui pensent être justes, qui, d'une certaine manière, acceptent la catéchèse, la foi chrétienne, mais qui n'ont pas expérimenté le salut. Que l'on vous raconte qu'un jeune garçon était en train de se noyer dans un fleuve et que quelqu'un s'est jeté à l'eau pour le sauver est une chose, que quelqu'un assiste à la scène en est une autre, mais si moi-même, je suis en péril et que l'on me sauve de la noyade, la perspective est tout autre. Certaines personnes qui ont entendu l'histoire n'ont pas vu, n'ont pas voulu voir, ou n'ont pas voulu savoir ce qui arrivait à ce garçon, ils ont suivi la tangente pour esquiver le sujet de la noyade ; par conséquent, ils n'ont aucune idée de ce que c'est en vérité. Seuls, nous, les grands pécheurs, possédons cette grâce. J'ai l'habitude de dire, comme le souligne saint Paul, que notre état de pécheurs est notre unique gloire.

— Tout compte fait, cela arrange le croyant… [*Rires*]

— D'accord, mais n'oublions pas que le non-croyant peut tirer avantage de ses erreurs, lui aussi. Si un agnostique ou un athée est conscient de la fragilité de son existence, s'il sait qu'il a mal agi, il en souffre et cherche à dépasser cette situation, il se grandit. Son erreur lui sert de tremplin pour s'élever. Je me souviens, un jour, le maire d'une grande ville européenne racontait que tous les soirs, il terminait sa journée par un examen de conscience. Il était agnostique, mais il savait que sa vie avait un sens et il s'efforçait de rectifier sa conduite. Le mal lui servait à devenir meilleur.

— Une perspective qui, pour le moins, permet d'aborder le thème de la faute dans le catholicisme sous un autre angle.

— Absolument. C'est pour ça, qu'à mes yeux, le péché n'est pas une tache dont il faut me débarrasser. Il me faut demander pardon et me réconcilier, plutôt que d'aller à la teinturerie du japonais d'à côté. En tout cas, il me faut aller à la rencontre de Jésus qui a donné sa vie pour moi. Il s'agit d'une conception du péché très différente. Autrement dit : le péché assumé avec justesse est le lieu privilégié d'une rencontre intime avec Jésus-Christ le Sauveur, de la redécouverte du sentiment profond qu'Il a envers moi. Enfin, c'est la possibilité de vivre la stupeur d'avoir été sauvé.

— Pour clore sur ce sujet, rappelons-nous une citation de Jean-Paul II, qui relevait dans la société une situation paradoxale : d'un côté une indifférence croissante à l'égard du religieux, de l'autre une forte quête de religieux, mais pas toujours par des voies conformes aux usages. Qu'en pensez-vous ?

— Effectivement. Une négation de Dieu est à l'œuvre à travers certains processus de sécularisation, d'autonomie de l'homme peu souhaitable. Et en même temps, une quête de Dieu qui se manifeste de mille façons, dont il faut se méfier pour éviter de verser dans une expérience consumériste, ou plutôt, dans une "transcendance immanente" qui ne parvient pas à s'incarner dans un véritable sentiment religieux. Il est plus difficile d'entrer en contact personnel avec Dieu , un Dieu qui m'attend et qui m'aime, qu'avec une entité diffuse. Le panthéisme diffusé dans l'air, de type spray, est sans fondement. À la longue, cela équivaut à se façonner une idole, et l'on en vient à adorer un arbre ou à voir Dieu dans un arbre.

— Beaucoup de gens affirment croire en Dieu, mais pas aux prêtres.

— Certes. Nous, les curés, sommes nombreux à ne pas mériter que l'on croie en nous. »

Chapitre 10

UN DÉCOLLAGE QUI SE FAIT ATTENDRE

Dans un pays comme l'Argentine, qui vit crise sur crise, une réflexion s'impose sur les raisons de cette incapacité à exploiter ses potentialités et à faire en sorte que ses richesses profitent à tous. Nous souhaitions commenter avec le cardinal un article de l'ancien président de l'Uruguay, Julio María Sanguinetti, dans lequel celui-ci soulignait : « Quelqu'un a déclaré que les pays pouvaient se ranger en quatre catégories : premièrement, les développés, ensuite, les sous-développés ; troisièmement, le Japon, au développement inexplicable et, enfin, l'Argentine, dont personne n'a été capable d'expliquer le sous-développement jusqu'ici. » Sous l'ironie perce une critique d'une grande acuité, si bien que cette remarque soulève de nombreuses interrogations.

La citation nous a inspiré trois questions, que nous avons posées à Bergoglio :

« Une telle richesse potentielle a-t-elle été un handicap ? Dans quelle mesure les Argentins ont-ils pâti du fait que tout leur a été donné, contrairement à la réalité que les immigrants laissèrent derrière eux ? Fallait-il que le pays traverse la crise de ce début de siècle pour prendre conscience de ce cruel paradoxe qui veut que, dans un pays capable de nourrir 300 millions de personnes, la malnutrition soit répandue ?

— Tout d'abord, ces questions tombent à pic, car je voulais justement souligner deux choses. D'après un proverbe italien, en Argentine, vous jetez une graine dans la rue et aussitôt il en sort une plante. De plus, les Italiens ne peuvent s'imaginer des vaches paissant à l'air libre, sans étable. Du temps de mon père, quand il habitait en montagne, au nord de l'Italie, l'étable jouxtait la maison pour que la chaleur animale serve de chauffage. Les animaux ne sortaient pas, on leur apportait le fourrage et le grain. Je ne saurais dire si notre grande richesse aura contribué à nous rendre la vie plus facile, mais je suis sûr d'une chose, nous n'avons pas exploité tout ce que nous avons. Le jour du jugement devant Dieu, nous pourrons compter ceux qui, parmi nous, ont négligé les richesses au lieu de les faire fructifier. Non seulement dans les domaines agricoles et l'élevage, mais dans celui des ressources minières. L'Argentine est

DU CÔTÉ PATERNEL
Le grand-père du pape, Juan, son père, Mario José Francisco, et sa grand-mère, Rosa Margarita Vasallo.

DU CÔTÉ MATERNEL
Debout : son oncle, Oscar Adrián Sívori, sa mère, Regina María Sívori, et sa tante, Catalina Ester Sívori De Picchi.
Assis : son oncle, Vicente Francisco Sívori, son grand-père, Francisco Sívori Sturla, sa grand-mère, María Gogna de Sívori, et son oncle, Luis Juan Sívori.

LES PARENTS
Regina María Sívori
et Mario José Francisco
Bergoglio le jour
de leur mariage,
le 12 décembre 1935.

AU COLLÈGE
Jorge Mario est le premier à droite.

EN FAMILLE

Debout : son frère, Alberto Horacio, le père Jorge Mario, son frère, Oscar Adrián, et sa sœur, Marta Regina. Assis : sa sœur, María Elena, sa mère, Regina María Sívori, et son père, Mario José Francisco Bergoglio.

1973
Le père Jorge Mario Bergoglio.

1978
Le père Jorge Mario Bergoglio.

DANS UNE *VILLA MISERIA*
Le cardinal Bergoglio visitant la *villa miseria*, quartier pauvre de Barracas, à Buenos Aires, en 2007.

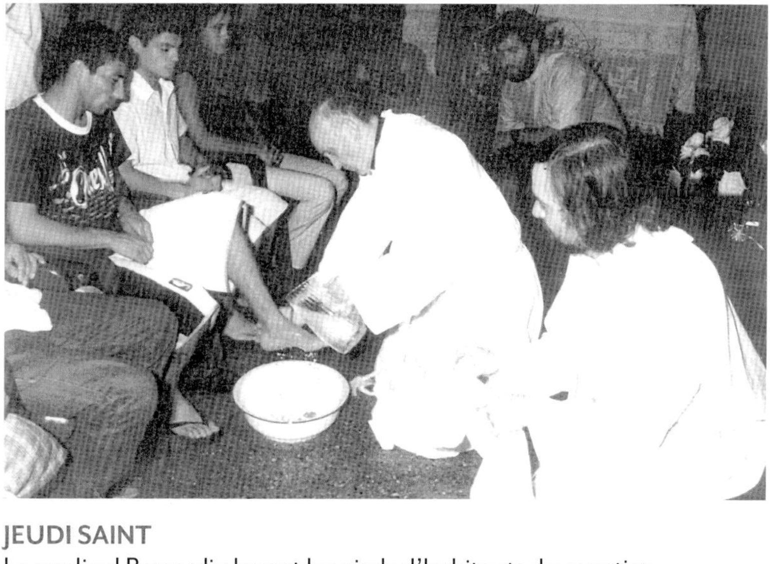

JEUDI SAINT
Le cardinal Bergoglio lavant les pieds d'habitants du quartier de Barracas. À sa gauche, le père Pepe Di Paola.

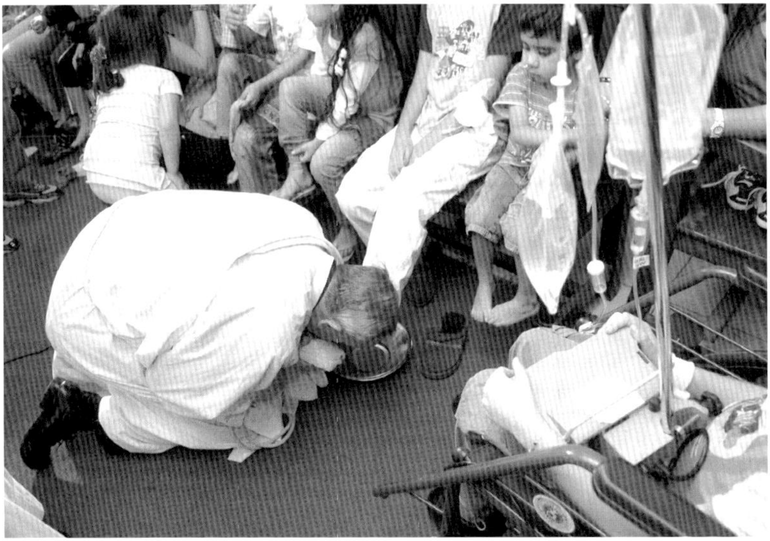

JEUDI SAINT
Le cardinal Bergoglio lave les pieds d'enfants de l'hôpital Garrahan de Buenos Aires en 2009.

AVEC LES CHIFFONNIERS
Le cardinal Bergoglio devant une benne à ordures lors d'une messe qu'il célébra sur la Plaza Constitución en 2009.

DANS LE MÉTRO
Le cardinal Bergoglio discute avec un passager au cours d'un de ses trajets en métro à Buenos Aires, en 2007.

LE JOUR DE LA SAINT-GAÉTAN
Le cardinal Bergoglio saluant les fidèles devant le sanctuaire de Liniers après les célébrations destinées à fêter saint Gaétan, patron des travailleurs, en 2009.

TE DEUM
Le cardinal Bergoglio livrant son homélie pour la messe du 25 mai, fête nationale argentine, dans la cathédrale de la capitale, en 2005.

Création Studio Flammarion

extrêmement riche en minerais. Bien sûr, nous avons aussi des montagnes. Et en dépit de toute cette langue côtière, nous ne nous sommes même pas habitués à manger du poisson, ni à le transformer pour l'exportation. Bref, nous n'avons pas su créer des activités fondées sur nos richesses. Il est inadmissible que nos bassins d'emploi soient concentrés à la périphérie des grandes villes, le grand Buenos Aires, le grand Rosario… C'est inacceptable.

— Mais c'est…

— Vous connaissez sans doute l'histoire de ces ambassadeurs qui vont trouver Dieu pour lui reprocher d'avoir comblé l'Argentine de richesses, contrairement aux autres nations, et à qui le Tout-Puissant répond : "Certes, mais je vous ai aussi donné les Argentins." Cela dit, il est évident que nous n'avons pas été à la hauteur des circonstances. Mais il est encore temps de tourner la page.

— Les chiffres sur la hausse de la pauvreté sont éloquents. L'Argentine, qui comptait 4 % de pauvres au début des années 1960, en totalisait 50 % pendant la crise de 2011. Aujourd'hui, trop de gens souffrent de la faim…

— À l'occasion de la fête de saint Gaétan, patron du pain et du travail, j'ai rappelé les paroles d'une chanson du père Julian Zini, qui dit qu'il est inconcevable de mourir de faim sur une terre de pain bénit ; le fait que notre patrie bénie – où, je le redis, Dieu nous a tout donné – manque de pain et de travail, est une terrible injustice. Une énorme injustice et une irresponsabilité flagrante dans la distribution des richesses. L'Église l'a signalé, mais elle a tout de suite été accusée par certains de parler contre le gouvernement. Alors que ça fait des années (à part quelques brefs moments de répit) que la pauvreté augmente. Ce n'est donc pas une question conjoncturelle.

— Est-ce un problème de politique économique ? Ou une affaire plus complexe ?

— Je dirais que, sur le fond, il s'agit d'un problème de péché. Depuis un certain nombre d'années, l'Argentine vit dans le péché parce qu'elle ne s'occupe pas de ceux qui n'ont ni pain ni travail. Nous sommes tous responsables. Je le suis en tant qu'évêque. C'est l'affaire de tous les chrétiens. C'est la responsabilité de ceux qui gaspillent l'argent sans conscience sociale claire. Ici, à Buenos Aires, l'élégant quartier de Puerto Madero abrite trente-six restaurants, dont j'ignore les tarifs, mais où un repas, j'en suis sûr, dépasse les 20 dollars. De ce côté, se trouve la Villa [1] Rodrigo Bueno, et à l'autre bout, la célèbre Villa 31, dans le quartier de Retiro. Dans ces

1. Une *villa* est un bidonville, équivalent d'une *favela* au Brésil (NdT).

deux villas, des gens souffrent de la faim, à cause de ce manque de conscience sociale. Quand bien même il nous arrive, rarement, de donner l'aumône, en évitant de croiser le regard des pauvres, c'est plutôt une façon de nous laver de nos fautes.

— C'est fort, ce que vous dites…

— Comme je le déclarai à la radio lors d'une visite du sanctuaire de saint Gaétan, nous avons le devoir de partager la nourriture, les vêtements, la santé, l'éducation avec nos frères. Certains s'empresseront d'objecter : "C'est un communiste, ce curé !" Mais pas du tout, ce que je dis est pure parole d'Évangile. Attention, d'ailleurs, car nous serons jugés pour ça. Le jour où Jésus viendra nous juger, il dira à certains : "J'avais faim, et tu m'as donné à manger, j'avais soif, et tu m'as donné à boire, j'étais nu, et tu m'as donné de quoi me vêtir, j'étais malade, et tu as pris soin de moi." Et nous demanderons au Seigneur : "Quand ai-je fait tout ça ? je ne m'en souviens pas." Et il répondra : "Chaque fois que tu t'es conduit ainsi avec un pauvre, c'est comme si tu le faisais pour moi." Mais il dira aussi à d'autres : "Éloignez-vous, car lorsque j'ai eu faim, vous ne m'avez rien donné à manger." Il nous reprochera également d'avoir accusé les seuls dirigeants d'être responsables de la pauvreté, alors que la responsabilité de ce mal est, dans la mesure de nos possibilités, l'affaire de tous.

— Le problème est que de larges pans parmi les nouvelles générations n'ont pas le moindre niveau d'éducation ou n'ont pas été formés à la culture du travail. La mobilité sociale propre à l'Argentine, le fameux "mon fils, le docteur", est sérieusement menacée.

— Peut-être, mais nous pouvons agir pour inverser la tendance. Prenons l'exemple du père Di Paola dans la Villa 21 du quartier de Barracas à Buenos Aires. Il a proposé une solution alternative aux jeunes qui se droguaient : une école d'arts et métiers, une école née à l'origine après une crise venue d'Europe, de nouveau d'actualité avec celle de 2001, car la situation est semblable. Les gars sortent au bout de deux ans avec un diplôme d'ouvrier spécialisé reconnu par l'État. C'est-à-dire qu'ils sont formés à l'effort. Le côté positif du travail, pour reprendre ce que je disais auparavant, c'est que l'on voit le résultat, ce qui nous fait nous sentir "divins", nous sommes comme Dieu, capables de créer. En quelque sorte, nous éprouvons le même sentiment qu'un homme et une femme tenant dans les bras leur premier enfant. La capacité de créer transforme leur vie. Eh bien, c'est aussi ce que ressent le gars qui travaille. La culture du travail, associée au repos, est un bien irremplaçable.

— Une crise aussi grave que celle de ce début de siècle nous amène-t-elle à réfléchir ?

— Permettez-moi de revenir sur le cas du Japon évoqué par le docteur Sanguinetti. Souvenons-nous : la Seconde Guerre mondiale prend fin, le pays est plongé dans le malheur. Non seulement les gens souffrent de la destruction atomique de villes entières, épouvantable, dont la conflagration laisse une empreinte affligeante, mais ils subissent un immense choc culturel, cristallisé par le message de l'empereur, lorsqu'il déclare qu'il n'est pas d'essence divine. Mais les Japonais entreprennent de reconstruire leur pays. Dans les ports, qui ont subi les bombardements, enfants, jeunes et adultes se jettent à la mer munis d'une clé anglaise pour récupérer sur les épaves de bateaux – et d'avions – des bouts de ferraille destinés aux fonderies, qui plus tard deviendront les aciéries japonaises. Ils repartaient de zéro.

— Pensez-vous l'Argentine capable d'en faire autant ?

— Tout ce que je peux dire, c'est que de nombreux exemples de l'Histoire montrent que souvent, l'énergie créative pour créer de l'emploi et aller de l'avant se manifeste durant les périodes de crise aiguë, quand soi disant il n'y a plus rien à faire. Peut-être l'Argentine en est-elle arrivée à ce stade… »

Chapitre 11

BÂTIR UNE CULTURE DE LA RENCONTRE

L'incapacité des citoyens à créer de la cohésion sociale est une des raisons avancées pour expliquer le déclin argentin. Les potentiels individuels ne parviennent pas à s'exprimer de façon collective. Sur ce point, Jorge Bergoglio fait souvent observer que le pays souffre d'un problème encore plus grave que de ne pas savoir jouer en équipe : un climat permanent de division – non exempt de fréquentes antinomies – qui fait obstacle à la recherche de larges consensus et à l'édification d'un projet national. En contrepartie, il insiste sur le besoin d'une culture de la rencontre.

« Pouvez-vous développer votre idée ?

— Bien sûr. La culture de la rencontre est la seule chose qui permette à la famille et aux peuples d'aller de l'avant. Sur la frise de la cathédrale de Buenos Aires est représentée la rencontre entre Joseph et ses frères. On est en droit de se demander quel rapport il y a entre Joseph et ses frères et la plus grande église de la capitale. Il se trouve que cette scène a été réalisée à l'époque de la Réorganisation nationale afin d'exprimer le désir de rencontre de tous les Argentins. En effet, le problème n'est toujours pas réglé, car nous, les Argentins, avons du mal à nous réunir. Nous sommes particulièrement sectaires, nous faisons vite bande à part. La quantité de sous-listes candidates aux législatives de 2007 dans la province de Misiones est révélatrice : mille neuf cents ! Et pour les présidentielles de cette même année, dix-huit professions de foi. Cela dit, soit nous sommes des oiseaux rares possédant dix-huit génies pour diriger le pays, soit nous sommes des imbéciles incapables de nous entendre. J'insiste : se rencontrer ne coûte rien ; nous avons plutôt tendance à insister sur ce qui nous divise plutôt que sur ce qui nous unit ; nous avons tendance à encourager le conflit plutôt que l'entente. Et si j'ose dire, nous adorons nous bagarrer entre nous.

— Y a-t-il une raison historique à cela ?

— Le caudillisme [1] y est sans doute en grande partie pour quelque chose. Il ne faut pas oublier

1. Forme de despotisme militaire spécifique aux pays d'Amérique latine, héritage des *caudillos* (capitaines, chefs militaires et politiques) qui prirent la tête des guerres d'indépendance contre la couronne espagnole et devinrent les

que la Réorganisation nationale a reposé, à l'origine, sur les *caudillos* qui se sont ralliés, sans toutefois réussir à l'achever. Lorsque le président Carlos Menem voulut rapatrier les restes d'un *caudillo* tel que Juan Manuel de Rosas, il se heurta à une forte résistance et, quand ce fut chose faite, ce qui aurait dû passer pour un événement national – la dépouille d'un homme qui avait combattu, bien ou mal, pour sa patrie, pouvait enfin reposer dans son pays –, fut récupéré par les nationalistes, qui le transformèrent une célébration sectaire. Dans la foule, tout éminent personnage arborait le célèbre poncho rouge [1]. Même le curé, qui disait le responsorial, l'a enfilé par-dessus sa soutane, ce qui est encore plus incongru, puisque le prêtre est par essence universel. C'était donc, là encore, une nouvelle manifestation de désunion nationale.

— Nous supposons qu'en temps de crise, où tout ce qui est établi semble vaciller, le propos revêt une extrême acuité…

— Le mot "crise" provient du grec *krisis* et signifie "passer au crible". Le crible, le tamis, permet de trier ce que l'on veut garder. Je pense

---

héros des jeunes nations. Juan Manuel de Rosas est l'un d'eux (NdT).

1. Signe de ralliement aux troupes de Rosas, symbole des patriotes argentins (NdT).

que si, dès maintenant, nous ne misons pas sur une culture de la rencontre, nous courons à notre perte. Les solutions totalitaires du siècle dernier – fascisme, nazisme, communisme ou libéralisme – tendent à atomiser. Leur nature corporatiste se révèle sous la coquille de l'unification, remplie d'électrons inorganisés. Le regroupement constitue un défi plus humain. Par exemple, le capitalisme sauvage fait que l'économique et le social sont atomisés, tandis que le défi qui se présente à la société est au contraire d'établir des liens de solidarité.

— Comment faire pour avancer vers une culture de la rencontre ?

— Pour l'instant, en menant une réflexion en profondeur sur la signification de la culture de la rencontre entre les hommes. Une culture axée autour du principe que l'autre a beaucoup à me donner. Que je dois aller vers autrui dans un esprit d'ouverture et d'écoute, débarrassé de tout préjugé, c'est-à-dire sans penser que, parce qu'il a des idées opposées aux miennes, ou qu'il est athée, il est incapable de m'apporter quoi que ce soit. Ce n'est pas vrai. Toute personne a quelque chose à nous apporter et toute personne peut recevoir quelque chose de nous. Le préjugé est comme un mur qui nous divise. Et nous, les Argentins, avons beaucoup de préjugés ; spontanément, nous donnons des étiquettes aux gens pour, au fond, esquiver le dialogue, la rencontre. Ainsi, nous finissons par engendrer une mésentente qui, je trouve, a atteint la dimension d'une véritable pathologie sociale.

— Ce ne serait qu'une question de préjugés ?

— Je crois qu'il s'agit également d'un problème de communication, ce pour trois raisons : la désinformation, la diffamation et la calomnie. La première consiste à ne jamais donner une information complète sur quelqu'un ou sur un fait, et à verser rapidement dans le commérage. Parfois les médias ne retiennent que l'aspect conflictuel, approche pourtant très partielle. Pour moi, la désinformation est l'attitude la plus dangereuse, car dire seulement une partie de la vérité étourdit et désoriente le récepteur. La diffamation et la calomnie sont moralement plus graves que la désinformation, mais sans doute moins néfastes sur le plan de la rencontre. D'autre part, notre psychologie nous rend facilement mauvaise langue. Qu'est-ce qu'une rumeur ? C'est une vérité extraite de son contexte. C'est comme ces paroles de tango : "Quelle honte, voisine, se vêtir de blanc après avoir péché." Et la psychologie du ragot nous mène à la discorde. Un jour, j'ai reçu un appel d'un évêque indigné par la déclaration d'une personne qui s'était appuyée sur une rumeur qui n'était qu'une vérité partielle. Je lui ai conseillé de passer outre et de n'y voir qu'un simple commérage de quartier.

— Les psychologues expliquent que l'individu sans identité cherche à s'affirmer par la négative, en disqualifiant autrui…

— Effectivement. On ne dit pas, je suis, mais je ne suis pas. Nous descendons jusqu'à l'autre pour nous sentir supérieurs. C'est entendu, le manque d'identité vient d'un manque d'appartenance. À partir de là, il me semble important de faire la distinction entre la nation, le pays et la patrie. Le pays appartient à la sphère géographique et à une situation géopolitique donnée ; la nation est l'organisation nationale, avec son histoire et ses lois, et la patrie est un patrimoine – d'où est issu ce mot – et c'est ce que l'on a de plus précieux, c'est ce que nous avons reçu de ceux qui nous ont précédés. Tout ce qu'ils ont fait pour la patrie, la nation et le pays constitue un héritage que je dois transmettre à autrui, non sans l'avoir enrichi. C'est ce qui fait la différence avec les conservateurs, qui considèrent que la patrie reçue en héritage doit être conservée telle quelle. À mon avis, c'est une façon de tuer la patrie, de l'empêcher de croître. Tout patrimoine doit être investi d'une dimension utopique ; ses racines doivent être préservées, mais il faut aussi permettre à ses enfants de continuer de rêver à son essor. N'oublions pas que les utopies font grandir. Évidemment, se fermer à la réflexion n'est pas le seul piège dans lequel on risque de tomber, ce repli patriotique qui, comme je le disais, consiste à se contenter de ce qu'on a reçu sans aller plus loin. Il faut également se méfier de l'utopie coupée de l'Histoire, sans racines, de la folle utopie, de la pure utopie.

— Dans ce cas, comment s'affirme cette identité suscitée par la rencontre ?

— À mon avis, l'identité d'un individu et d'une patrie s'affirme en visant trois orientations clés. Tout d'abord, l'horizon de la transcendance qui regarde Dieu et se transmet aux autres.

— Et le non-croyant ?

— Il peut au moins se dépasser au contact d'autrui, ce qui permet d'éviter l'isolement. Sans l'autre, la transcendance est impossible. Ensuite, l'horizon de la diversité, qui enrichit un peuple. Une diversité organisée et équilibrée. Enfin, l'horizon de la projection dans le futur qui pousse à regarder devant soi, vers où l'on veut et l'on doit aller, au lieu de se tourner vers le passé pour ne voir que ce qu'on a reçu. Ces trois horizons servent à défendre la personne humaine et la patrie, ce qui signifie, en termes négatifs : Non à l'athéisme, c'est-à-dire à l'absence de transcendance ; non à la suprématie des puissants qui génèrent la pensée unique ou hégémonique, négation de la diversité, et non aux progressismes en rupture avec l'Histoire. La rencontre se fera à ces conditions-là.

— Estimez-vous avoir fait tout votre possible pour contribuer à la culture de la rencontre ? Certains ont osé vous reprocher d'être une espèce de leader de l'opposition au gouvernement de Nestor Kirchner…

— Tout type de discorde m'affecte. Je dois même avouer qu'il m'est arrivé plus d'une fois de me reprocher de ne pas avoir employé tous les moyens dont je disposais pour établir une harmonie avec une personne en conflit. Ce genre de trouble m'afflige aussi, et je le considère comme un péché. Mais que l'on me considère, moi, comme un opposant, me semble relever de la désinformation. Je crois que les gens apprécient mes efforts – quoique je préfère m'effacer en tant que personne devant l'ensemble de l'Église – pour établir des ponts entre tous, avant tout dans la dignité.

— Après votre visite – aux côtés d'autres représentants des autorités épiscopales – à Kirchner en 2003, à l'occasion de son accession à la présidence, vous ne vous êtes jamais revus. Devons-nous déduire de vos propos que les conditions n'étaient pas réunies pour demander audience au Président ?

— Je ne veux pas regarder en arrière. Seulement réaffirmer ceci : ma volonté, et celle de l'ensemble de l'Église, de bâtir des ponts entre tous, surtout dans la dignité.

— C'est-à-dire que si Kirchner vous l'avait demandé, vous auriez accepté de le voir ?

— Bien sûr. D'autant que, en 2006, je lui avais envoyé une lettre d'invitation à la cérémonie dédiée à la mémoire des cinq prêtres et séminaristes pallottins assassinés durant la dictature, à l'occasion de la trentième année de ce massacre perpétré dans l'église Saint-Patrice.

— On n'a jamais su que vous l'aviez invité...

— Et ce n'est pas tout : comme il n'était pas prévu de messe, quand il est arrivé, je lui ai demandé de présider la cérémonie, car je l'ai toujours considéré durant son mandat pour ce qu'il était : le président de la Nation.

— Vous avez continué de fréquenter d'autres membres de ce gouvernement ?

— Certainement. Comme tout le monde. Par ailleurs, lorsque des dirigeants de milieux divers me demandent conseil, ma réponse est immuable : dialoguez, dialoguez, dialoguez... »

Chapitre 12

« J'AIME AUSSI LE TANGO »

Le cardinal Bergoglio était toujours d'une extrême ponctualité lorsqu'il nous recevait au siège de l'archevêché. Excepté un jour, où il se fit attendre. Nous pensions que des tâches urgentes, liées à sa charge, l'avaient retenu.

Tandis que nous attendions à l'accueil, nous le vîmes passer portant un Thermos et des brioches. Cela nous intrigua, car faire une pause collation entre les audiences n'est pas dans ses habitudes. Au bout de quelques minutes, nous le vîmes prendre congé d'un couple avec deux enfants, d'humble condition. Nous apprendrions plus tard que la Thermos – remplie d'eau chaude pour le maté – et les brioches étaient destinées à cette famille originaire du Chaco, qui avait connu le cardinal au cours d'une rencontre fortuite, et était venue le saluer avant de retourner dans sa province. Malgré le côté impromptu de la visite, Bergoglio les accueillit avec courtoisie, s'enquit de leur situation et les salua d'une affectueuse accolade.

« Pardon pour l'attente, mais la visite de cette famille n'était pas prévue », s'excusa-t-il, tandis que nous nous dirigions vers la salle des audiences.

Le cardinal était loin d'imaginer que le chaleureux adieu auquel nous venions d'assister nous avait incités à modifier nos plans pour l'entretien. Cela nous donna l'envie d'échanger un questionnaire type contre une série de questions plus personnelles. Pour une fois, aucun sujet religieux, social ou culturel. Nous voulions connaître certains aspects de sa vie quotidienne, ses habitudes, ses goûts, ses attachements. Bref, découvrir l'homme derrière le haut dignitaire du clergé, pour reprendre un lieu commun du jargon journalistique.

Bergoglio accepta, à une condition : « D'accord, mais surtout pas dans le style de Corin Tellado », dit-il en allusion à la célèbre auteure espagnole de romans d'amour. « Un peu, ce serait pas mal », lui avons-nous répliqué, curieux. Puis nous avons commencé…

« Comment vous présenteriez-vous face à un groupe qui ne vous connaît pas ?

— Jorge Bergoglio, curé. Cela me plaît d'être curé.

— Un lieu dans le monde ?

— Buenos Aires.

— Une personne ?

— Ma grand-mère.

— Comment vous tenez-vous informé ?

— En lisant les journaux. La radio, je l'allume pour écouter de la musique classique.

— Internet ?

— Je ferai peut-être comme l'un de mes prédécesseurs, le cardinal Aramburu, qui s'y est mis à la retraite, après ses soixante-quinze ans.

— Vous circulez beaucoup en métro. C'est votre moyen de transport favori ?

— Je le prends la plupart du temps pour aller plus vite, mais je préfère le microbus, pour voir la rue.

— Avez-vous déjà eu une fiancée ?

— Oui, elle faisait partie de la bande d'amis avec laquelle nous sortions danser.

— Pourquoi avoir rompu les fiançailles ?

— J'ai découvert ma vocation religieuse.

— Connaissez-vous un parent qui a également embrassé cette voie ?

— Oui, le fils de ma sœur Marta. Il est prêtre jésuite, comme moi.

— Un violon d'Ingres ?

— Quand j'étais jeune, je collectionnais les timbres. Maintenant, j'aime beaucoup lire, et écouter de la musique.

— Une œuvre littéraire ?

— La poésie de Hölderlin m'enchante. Également un grand nombre d'ouvrages de littérature italienne.

— Par exemple ?

— *I promessi sposi*[1], j'ai dû le lire quatre fois. Et aussi *La Divina Commedia*. J'aime aussi Dostoïevski et Maréchal.

— Et Borges ? Vous l'avez fréquenté.

— Et comment ! Borges avait aussi le don de parler pratiquement de tout sans s'esquiver. C'était un homme d'une grande sagesse, un homme très profond. Borges m'a laissé l'image d'un homme qui, dans la vie, remet les choses à leur place, range les livres dans les rayons, en bon bibliothécaire qu'il était.

— Borges était agnostique.

— Un agnostique qui récitait chaque soir le *Notre Père*, car il l'avait promis à sa mère, et qui mourut assisté religieusement.

— Une œuvre musicale ?

— Parmi mes compositions préférées, je choisirai l'Ouverture *Léonore 3* de Beethoven dirigée par Furtwängler, qui est selon moi le meilleur chef d'orchestre de certaines de ses symphonies, comme aussi des œuvres de Wagner.

---

1. *Les Fiancés*, célèbre roman historique d'Alessandro Manzoni. *La Divine Comédie*, de Dante (NdT).

— Vous aimez le tango ?

— Énormément. C'est une musique profondément ancrée en moi. Je crois connaître assez bien les deux époques du tango. En ce qui concerne la première, j'ai un faible pour l'ensemble D'Arienzo, côté chanteurs, ma préférence va à Carlos Gardel, Julio Sosa et Ada Falcón, qui est, depuis, devenue nonne. Quant à Azucena Maizani, je lui ai donné l'extrême onction. Je la connaissais car nous étions voisins, et quand j'ai appris qu'elle était à l'hôpital, je suis allé lui rendre visite. Je me souviens y avoir croisé Virginia Luque et Hugo Del Carril. Pour ce qui est de la seconde époque, je voue une grande admiration à Astor Piazzolla et à Amelita Baltar, sa meilleure interprète.

— Vous savez le danser ?

— Oui. J'ai dansé le tango étant jeune, mais je lui préférais la *milonga*.

— Un tableau ?

— La *Crucifixion blanche* de Marc Chagall.

— Quel genre de films aimez-vous ?

— Ceux où joue Tita Merello, bien sûr, et les œuvres du néoréalisme italien auxquels mes parents m'ont initié, avec mes frères. Ils ne nous ont pas fait rater un seul film d'Anna Magnani et Aldo Fabrizi, nous expliquant à chaque fois son contenu – comme pour les opéras. Ils nous signalaient deux ou trois choses afin de nous orienter ;

nous allions au cinéma de quartier où l'on passait trois films à la suite.

— Un film qui vous a marqué ?

— Le *Festin de Babette,* plus récent, m'a beaucoup touché. Ainsi qu'un grand nombre de films du cinéma argentin. Je me souviens des sœurs Legrand, Mirtha et Silvia, dans *Claro de luna.* J'avais huit ou neuf ans. Le septième art argentin a aussi donné *Los Isleros* de Lucas Demare, une œuvre majeure. Et voici quelques années, je me suis diverti avec *Esperando la carroza* [1], mais à présent je ne vais plus au cinéma.

— Votre sport préféré ?

— Quand j'étais jeune, je jouais au basket, mais j'aimais surtout aller au stade voir des matches de foot. Nous nous y rendions en famille, même maman nous accompagnait – cela a duré jusqu'en 1946 –, pour voir les joueurs de San Lorenzo, notre équipe fétiche : mes parents étaient originaires d'Almagro, le quartier du club.

— Pouvez-vous nous citer un événement marquant ?

— La brillante saison de l'équipe cette année-là. Le but de Pontoni, qui aurait presque mérité

1. *Le Festin de Babette* de Gabriel Axel (1987) ; *Clair de Lune*, de Luis César Amadori (1942) ; *Les Insulaires*, 1951 ; *Esperando la carroza* (« En attendant le carrosse »), comédie burlesque à succès d'Alejandro Doria, 1985 (NdT).

un Nobel. C'était une autre époque. Le pire que l'on pouvait crier alors se limitait à "voyou, canaille, vendu..." Rien à voir avec les horreurs d'aujourd'hui.

— Quelles langues parlez-vous ?

— Je baragouine l'italien [en fait, nous avons constaté qu'il le maîtrise parfaitement.] Pour les autres, je dirai plutôt "les langues que je parlais", faute de pratique. Je maniais couramment le français, et me débrouillais en allemand. L'anglais m'a toujours semblé plus difficile, surtout la phonétique, car j'ai une mauvaise oreille. Et, bien sûr, je comprends le piémontais, dont la musique a bercé mon enfance.

— Quelle a été votre première destination à l'étranger ?

— La Colombie, en 1970. Ensuite, j'ai visité les noviciats d'Amérique latine. Au Mexique, j'ai découvert pour la première fois un quartier entièrement fermé, phénomène qui n'existait pas dans ces années-là en Argentine. Cela m'a effrayé de voir la façon dont un groupe se coupait du reste de la société.

— À quand remonte votre premier voyage en Europe ?

— C'était le 4 septembre 1970. Je suis d'abord allé à Madrid, puis j'ai visité les noviciats du reste de l'Europe. Je me suis également rendu en Irlande pour y pratiquer l'anglais. Je me souviens avoir voyagé à la Noël 1980, assis à côté d'un vieux couple de juifs qui se rendaient à Jérusalem. Des gens fort sympathiques. Lorsque l'on fit l'annonce qu'en ce jour de fête on nous servirait de la glace au dessert, l'homme manifesta sa déception car il ne pouvait pas en manger après avoir consommé de la viande. Puisque, comme chacun sait, les juifs ne mélangent pas la viande et le lait, l'ingrédient de base des glaces. Mais, quelques instants plus tard, il s'est tourné vers moi et m'a dit avec un sourire complice : "Mais aujourd'hui, c'est Noël, mon père !" Et il a mangé la glace, tout simplement. J'avais presque envie de l'embrasser…

— Comment s'est passée la rencontre avec les membres de votre famille en Italie ? Qu'avez-vous ressenti sur la terre de vos ancêtres ?

— Que dire ? Je me suis senti chez moi en parlant piémontais. J'ai fait la connaissance d'un frère de mon grand-père, de mes oncles et de mes cousins. L'aînée de mes cousines a 78 ans, et quand je lui rends visite, c'est comme si j'avais toujours vécu là. Je l'aide aux tâches ménagères, je mets la table… Cela dit, je fuis les voyages.

— Pourquoi ?

— Parce que je suis *casalingo*, un mot italien qui signifie casanier. J'aime mon chez-moi. J'aime Buenos Aires.

— Pendant vos voyages, quelle image aviez-vous de l'Argentine, ainsi vue de l'extérieur ?

— J'en avais une grande nostalgie. Au bout d'un certain temps, je voulais toujours rentrer. Je me souviens que, résidant à Francfort pour préparer ma thèse, le soir j'allais me promener au cimetière. De là, on peut distinguer l'aéroport. Une fois, un ami m'a surpris et m'a demandé ce que de faisais là : "Je salue les avions… Je salue les avions qui s'envolent vers Argentine…" je lui ai répondu.

— Dans la vie de tous les jours, que signifie pour vous un grand sacrifice ?

— Un tas de choses. Par exemple, me maintenir en état de prière passé minuit.

— À propos, combien d'heures dormez-vous par nuit ?

— Cela dépend. En général autour de cinq heures. Je me couche tôt et me réveille naturellement à quatre heures du matin. Mais dans la journée, je fais quarante minutes de sieste.

— Quelle est, selon vous, la vertu primordiale ?

— Eh bien, l'amour, la prise en compte de son prochain, cela grâce à la mansuétude. J'aime tant la douceur ! Je demande toujours à Dieu qu'il me donne un cœur tendre.

— Et le pire des péchés ?

— Si je considère l'amour comme la vertu suprême, il serait logique que je réponde la haine.

Mais ce que je déteste par-dessus tout, c'est l'arrogance, le "je me crois supérieur". Lorsqu'il m'est arrivé d'avoir ce sentiment, j'ai éprouvé une grande honte au fond de moi et j'ai demandé pardon à Dieu, car personne n'échappe à ce genre de travers.

— Que sauveriez-vous en priorité d'un incendie ?

— Mon bréviaire et mon agenda. Je regretterais beaucoup de les perdre. Dans mon agenda, j'ai tous mes rendez-vous, adresses, numéros de téléphone. Et je suis très attaché au bréviaire ; c'est lui que j'ouvre en premier le matin et que je referme en dernier avant de m'endormir. Lors de certains de mes déplacements, je dois emporter les deux tomes du bréviaire dans mon bagage à main. Je conserve entre leurs pages le testament de ma grand-mère, ses lettres et la poésie "Rassa nostrana", de Nino Costa, à laquelle j'ai déjà fait allusion.

— Vous souvenez-vous particulièrement d'une lettre de votre grand-mère ?

— Celle qui a pour moi une très grande valeur, elle me l'a écrite en 1967, moitié en italien moitié en espagnol, à l'occasion de mon ordination. Au cas où elle serait morte avant, elle avait pris la précaution de la rédiger afin que je la reçoive en même temps que son cadeau au moment de mon ordination. Heureusement, elle était toujours en vie ce jour-là, et a pu me remettre les deux choses. Voici la lettre (il prend le bréviaire et la recherche entre les pages).

— Voulez-vous nous la lire ?

Bien sûr. “En ce merveilleux jour où tu peux tenir entre tes mains consacrées le Christ Sauveur, et où s'ouvre devant toi un long chemin vers l'apostolat le plus profond, je te laisse ce modeste présent de très peu de valeur matérielle, mais d'une très grande valeur spirituelle.”

— Et que dit le testament ? (Il fouille à nouveau dans le bréviaire).

— Elle a écrit dans l'un des paragraphes : “Que, vous, mes petits-enfants, auxquels j'ai donné tout mon cœur, ayez une longue et heureuse vie, mais si un jour la douleur, la maladie ou la perte d'une être cher vous plongeaient dans le chagrin, souvenez-vous qu'un soupir en direction du Tabernacle, là où se trouve le martyr le plus grand et le plus auguste, et qu'un regard sur Marie au pied de la croix peuvent faire tomber une goutte de baume sur les blessures les plus profondes et les plus douloureuses.”

— Comment avez-vous vécu le moment où, vous, simple prêtre parmi vos pairs de la résidence jésuite de Córdoba, avez appris votre nomination d'évêque auxiliaire, et de surcroît, dans votre chère Buenos Aires ?

— Le nonce apostolique d'alors, Mgr Ubaldo Calabresi, m'appelait pour prendre mon avis sur certains prêtres, sans doute des candidats à l'évêché. Un jour, il me convoqua et me déclara que, cette fois, l'entretien était d'ordre personnel. Comme la compagnie aérienne effectuait l'aller-retour Buenos Aires-Córdoba-Mendoza, il me proposa de nous rencontrer à l'aéroport tandis que l'avion allait et venait de Mendoza. Nous étions donc là en pleine conversation – c'était le 13 mai 1992 –, abordant une série de questions sur des thèmes sérieux et, lorsque l'avion, déjà revenu de Mendoza, s'apprêtait à redécoller pour Buenos Aires, les passagers priés de se présenter à l'embarquement, il me confia : "Ah ! une dernière chose... vous avez été désigné évêque auxiliaire de Buenos Aires et ce sera officiellement annoncé le 20..." C'est tout simplement comme ça qu'il me l'a annoncé.

— Et comment avez-vous réagi ?

— Je me suis bloqué. Comme je l'ai dit auparavant, j'ai l'habitude de réagir ainsi à un coup imprévu, bon ou mauvais. Et ma première réaction est toujours mauvaise.

— Cela s'est passé ainsi quand vous avez été nommé évêque coadjuteur, avec le droit de succéder au cardinal Quarracino ?

— Pareil. Comme j'étais son vicaire général, lorsque Quarracino a demandé à Rome un coadjuteur, je lui ai fait part de mon souhait de n'être affecté à aucun diocèse, mais de redevenir un évêque auxiliaire à la charge d'un évêché d'arrondissement à Buenos Aires. “Je suis portène et, en dehors de Buenos Aires, je ne sais rien faire”, lui ai-je expliqué. C'est alors que le 27 mai 1997, au milieu de la matinée, Calabresi m'appelle et m'invite à déjeuner. Nous en étions au café, je m'apprêtais à le remercier de l'invitation avant de prendre congé, quand je vois arriver un gâteau et une bouteille de champagne. Pensant que c'était son anniversaire, j'allai le féliciter. Mais quelle ne fut pas ma surprise quand il me répondit avec un grand sourire : “Non, ce n'est pas mon anniversaire, en fait c'est parce que vous êtes le nouvel évêque coadjuteur de Buenos Aires.”

— Puisque nous en sommes là, qu'avez-vous ressenti lorsque vous avez entendu plusieurs fois de suite votre nom dans la chapelle Sixtine lors des votes pour désigner le successeur de Jean-Paul II ?

Bergoglio se fit grave, un peu tendu. Puis il esquissa un sourire :

— Au début du conclave, nous, les cardinaux, promettons de garder le secret ; nous ne pouvons pas révéler ce qui s'y passe.

— Mais dites-nous au moins ce que vous avez éprouvé en voyant votre nom parmi ceux des grands candidats à la papauté...

— De la pudeur, de la honte. Je pensais que les journalistes étaient fous.

— Ou qu'ils détenaient un peu d'information ?

— Avec leurs pronostics, ils couvraient un large spectre. Ils disaient, à ce propos, que les cardinaux papables étaient neuf, parmi lesquels ils dénombraient deux Européens, dont Ratzinger, et deux Latino-Américains. Ils réduisaient ainsi la marge d'erreur et augmentaient leurs chances de tomber juste.

— Finalement, nous, les journalistes, sommes pleins d'imagination...

— Pleins d'imagination...

* *
*

L'endroit où vit et travaille Bergoglio nous en a appris beaucoup sur sa personnalité. Nous avons d'abord été surpris d'apprendre qu'il n'occupe pas le bureau destiné à l'archevêque, un lieu spacieux au deuxième étage, qui, bien que sobre, peut donner une sensation de pouvoir, et même de supériorité. D'après ce que nous avons pu constater, il s'en sert à présent comme d'une espèce de débarras. Son bureau est situé au même étage, mais dans un local très modeste, encore plus petit que celui de son secrétaire, qui ne tient même pas à jour son agenda : c'est Bergoglio en personne qui note ses rendez-vous sur un carnet de poche. Son petit pupitre semble très ordonné. Sous la vitre on aperçoit quelques images éparses, des photos de son activité pastorale, dont une, très émouvante, d'un autochtone pauvre du nord de l'Argentine.

Sa chambre se trouve à l'étage au-dessus, la même qu'il occupait lorsqu'il était vicaire général. On ne peut imaginer plus austère : meublée d'un simple lit en bois, décorée d'un crucifix offert par ses grands-parents, Rosa et Juan, et équipée d'un radiateur électrique car, bien que l'édifice soit pourvu d'un système de chauffage, celui-ci ne fonctionne qu'en présence de l'ensemble du personnel. La pièce est en ordre. « Une femme vient faire le ménage tous les mardis », nous explique-t-il. À l'évidence, il fait lui-même son lit chaque matin. Juste en face, séparée par un couloir – où se dresse un piédestal surmonté d'une superbe représentation du Christ assis, le Christ de la patience, vertu qu'il encense si souvent – se trouve sa chapelle privée, dépouillée, elle aussi.

Enfin, dans une pièce contiguë, sa bibliothèque, remplie de livres et de papiers. Bergoglio nous confie qu'il est en train de trier ses documents afin de « ne pas laisser de travail après ma mort ». Il reconnaît jeter un grand nombre de ses écrits. « Je veux quitter ce monde en laissant le moins de choses possible », commente-t-il. Mais il en est une qu'il conserve jalousement. Un papier à la teinte passée sous l'effet du temps où est écrite une émouvante profession de foi, qu'il rédigea « lors d'un moment de grande intensité spirituelle », peu avant d'être ordonné prêtre, et qu'il n'hésiterait pas à signer de nouveau.

Il récite :

> « Je veux croire en Dieu le Père, qui m'aime comme un fils, et en Jésus, le Seigneur, qui insuffla son Esprit dans ma vie pour me faire sourire et me conduire ainsi vers le règne éternel de la vie.
>
> Je crois en mon histoire, qui fut traversée par le regard d'amour de Dieu et qui, le jour du printemps, le 21 septembre, vint à ma rencontre pour m'inviter à le suivre.
>
> Je crois en ma douleur, rendue stérile par l'égoïsme dans lequel je trouve refuge.
>
> Je crois en la mesquinerie de mon âme, qui cherche à prendre sans donner… sans donner.
>
> Je crois que les autres sont bons, et que je dois les aimer sans crainte, et sans jamais les trahir, afin de me trouver en sécurité.
>
> Je crois en la vie religieuse.
>
> Je crois que je veux aimer beaucoup.

Je crois en la mort quotidienne, ardente, et que je fuis, mais qui me sourit, m'invitant à l'accepter.

Je crois en la patience de Dieu, accueillante, bonne comme une nuit d'été.

Je crois que papa est au ciel aux côtés du Seigneur.

Je crois que le père Duarte [1] est aussi là-haut, intercédant pour mon sacerdoce.

Je crois en Marie, ma mère, qui m'aime et qui jamais ne me laissera seul.

Et j'espère la surprise de chaque jour à travers laquelle se manifesteront l'amour, la force, la trahison et le péché, qui m'accompagneront jusqu'à la rencontre définitive avec ce visage merveilleux dont j'ignore les traits, car il ne cesse de vous échapper, mais que je veux connaître et aimer. Amen. »

Le décor de sa bibliothèque privée est agrémenté de quelques portraits de personnes chères. Entre autres, une photo d'un jeune étudiant en ingénierie, mort dans un accident, et une représentation de l'artiste peintre Daniela Pisarev, une amie juive qu'il maria à un catholique. Notre regard fut attiré par l'un des rayons de la bibliothèque où reposait un vase rempli de roses blanches, avec, placée derrière, une image pieuse de la petite Thérèse [2].

---

1. Le prêtre qui le confessa ce 21 septembre. (Dans l'hémisphère Sud, les saisons sont inversées par rapport au Nord, NdT.)

2. Sainte Thérèse de Lisieux (NdT).

« Lorsque j'ai un problème, nous confie-t-il, je demande à la sainte, non pas de le résoudre, mais de m'aider à l'assumer et, en guise de signe, je reçois presque toujours une rose blanche. »

* *
*

Alors que nous étions sur le point de nous séparer, Bergoglio nous présenta un pilote d'Alitalia, Aldo Cagnoli, venu le saluer. Ils s'étaient connus sur les vols Rome-Buenos Aires-Rome, point de départ d'une grande amitié.

Cagnoli, qui quelques années plus tôt avait obtenu son diplôme de sociologue, lui avait apporté une copie de sa thèse de doctorat sur le terrorisme aérien, qu'il lui dédicaça. Comme il projetait de publier un livre sur le même thème, il était également venu lui demander d'en rédiger la préface.

Nous avons pensé qu'il pourrait nous donner un point de vue sur Bergoglio depuis un angle différent. Donc, à l'occasion de l'une de ses escales à Buenos Aires, nous lui avons demandé de nous parler de son amitié avec le cardinal.

Durant notre entretien, Cagnoli nous précisa qu'il avait connu Bergoglio le 20 avril 2005, sur un vol Rome-Buenos Aires. Il désirait prendre contact avec lui, car la personnalité de cet homme avait éveillé son intérêt trois ans plus tôt, après être tombé sur un quotidien où avait paru un article sur un cardinal argentin d'origine italienne qui accomplissait sa mission pastorale avec un fort engagement moral et une grande humilité.

Dès lors, Cagnoli n'eut de cesse de chercher à approfondir et à compléter les informations trop brèves et partielles de l'article. « Quand je l'ai aperçu pour la première fois dans l'avion et que nous avons échangé quelques impressions, j'ai vu qu'il était tel que je me l'étais imaginé, jusque dans certains détails, note-t-il. J'ai été très frappé par sa capacité inouïe à mettre à l'aise son interlocuteur et à entrer en communication avec lui, grâce à son caractère chaleureux, contrastant avec une apparence austère et surtout, grâce à son extraordinaire simplicité. »

À l'issue de cette première discussion, au cours de laquelle ils découvrirent qu'ils étaient nés tous les deux un 17 décembre, Bergoglio invita le pilote à visiter Buenos Aires. Cagnoli, qui ne voulait pas manquer l'occasion, répondit à son invitation lors d'une escale dans la capitale argentine. Cette relation d'amitié se poursuivit au cours de rencontres successives entre Buenos Aires et Rome, ponctuées de longues discussions sur les thèmes les plus variés, des sujets culinaires aux problèmes d'éthique et de société. Les deux hommes ont même partagé des moments chez les parents du pilote. Cagnoli fut impressionné par la capacité de Bergoglio à transformer en débat et en réflexion les provocations, apparemment involontaires et naïves, de son père, un artisan charpentier croyant profondément au communisme.

« Au cours d'une de ces rencontres, par exemple, mon père m'a expliqué qu'il avait beaucoup de mal à tailler une représentation du Christ sur la croix, qu'il avait promis de lui offrir, car son problème, en tant qu'artisan venait de ce qu'il imaginait Jésus en homme souffrant, et très en colère, à cause de ce qu'il lui arrivait », témoigne-t-il.

« Je ne l'ai jamais vu sous cet angle, lui répondit Bergoglio, mais peut-être le Christ, dans son humanité, était-il, d'une certaine façon, en colère contre ses terribles souffrances. »

Quelque temps plus tard, il lui adressa de Buenos Aires une belle image d'un Christ au regard tendre et résigné. « Mon père en fut très ému », ajouta Cagnoli.

Celui-ci admire en Bergoglio sa capacité à être sensible au bien en tout être et à traiter chaque chose sous ses différents aspects, tout en suivant un cap bien défini. « La grandeur d'un homme, à mon humble avis, ne consiste pas à ériger des murs, en se cachant derrière sa science et sa charge, mais à savoir se confronter à autrui avec un sens critique et une attitude de respect, et apprendre en toute humilité à n'importe quel moment de la vie ; c'est comme cela que je vois le père Bergoglio. »

Et Cagnoli de conclure : « Sa grandeur provient d'une simplicité unie à un immense savoir, d'une profonde gentillesse conjuguée à un sens du sérieux, d'une ouverture d'esprit associée à sa droiture, de sa capacité d'écoute à l'égard de tous, et de réception. Il a tant de choses à transmettre. Je crois qu'il fait, avec simplicité et en même temps de manière extraordinaire, ce que beaucoup, au sein comme en dehors de l'Église, devraient faire, mais, hélas, ne font pas. »

Chapitre 13

LE DUR CHEMIN VERS UNE PATRIE DE FRÈRES

La réconciliation nationale est une exigence récurrente dans les écrits des évêques argentins, surtout depuis la violence politique qui a endeuillé le pays jusqu'au retour de la démocratie, en 1983. Coups d'État militaires, actions terroristes, dans l'un ou l'autre camp de la sphère idéologique, et une horrible répression surgie des entrailles mêmes du pouvoir sous la dernière dictature militaire, ont laissé de profondes blessures dans la conscience des Argentins, blessures non refermées car leurs auteurs sont toujours gravement mis en cause, nombre d'entre eux continuant de bénéficier d'impunité. Des blessures qui meurtrissent les familles des victimes, ces milliers de parents qui n'ont même pas un endroit où aller pleurer leurs enfants disparus, dont les corps n'ont jamais été retrouvés. Des actes qui ont marqué à jamais les victimes de détentions clandestines, de tortures et ceux qui ont souffert d'un long exil.

Le rôle de l'Église ces années-là, surtout pendant le fameux processus de Réorganisation nationale décrété par les juntes militaires successives, a créé une polémique, alimentée par de nombreuses critiques à son encontre. Le clergé argentin fut ainsi accusé de faiblesse – voire de complicité pour certains de ses membres – face aux violations systématiques des droits de l'homme.

Dans ce contexte, le concept de « réconciliation nationale » – basé sur la vérité, la justice et le pardon – brandi par les évêques, a suscité des interprétations antagoniques. Certains ont voulu y voir une offensive pour gommer le passé et classer les affaires judiciaires (ce qui impliquait un soutien à toute loi promulguée en vue de mettre fin aux actions pénales), garantissant ainsi, depuis le sommet, l'impunité des militaires incriminés. D'autres, en revanche, l'ont interprété comme un geste de pacification nécessaire durant cette période où la démocratie retrouvée faisait laborieusement ses premiers pas. Mais comment interpréter la démarche en faveur de la réconciliation ? Quel sens donner ici au pardon chrétien, et quel a été son impact ? Comment le pardon s'accorde-t-il avec la peine judiciaire ? Doit-on pardonner à celui qui refuse de se repentir ? Dans l'affirmative, doit-il, nécessairement, y avoir réparation ? Enfin, peut-on envisager la possibilité d'un pays réconcilié ou s'agit-il d'une utopie, et si c'est le cas, faut-il laisser au temps le soin de guérir les blessures ? L'Église s'est-elle montrée à la hauteur sous la dictature pour se transformer avec les années en partisane crédible de la réconciliation nationale ?

Il nous semblait indispensable d'aborder ces questions avec Jorge Bergoglio.

« L'Évangile indique qu'il faut aimer son ennemi – les exégètes de la Bible précisent que cette expression doit être comprise comme "désirer son bien" – et pardonner soixante-dix fois sept. Ne trouvez-vous pas ces prémisses utopiques, d'une certaine manière, et contraires à la nature humaine ?

— Sur ce point, Jésus est terrible ; il ne transige pas, donnant des exemples. Lorsqu'on lui fit les pires misères – un jugement truqué, des tortures abominables alors que les responsables s'en lavaient les mains – il s'exclama : "Père, pardonnez-leur, car il ne savent pas ce qu'ils font." Il s'est arrangé pour leur trouver une excuse afin de pouvoir leur pardonner. Quant à la phrase : "Si ton ennemi a faim, donne-lui à manger ; s'il a soif, donne-lui à boire", sa fin a été très bien rendue par une excellente traduction parue en castillan. Jusqu'à présent, on lisait : "Ainsi, tu amasseras des charbons ardents et des braises de feu sur sa tête." Cette idée de déposer de la braise sur la tête ne m'allait pas. La nouvelle traduction convient mieux : “Ainsi, sa tête se consumera de honte”. Quoi qu'il en soit, cela correspond à une stratégie : tendre vers un comportement aussi humain que celui de Jésus, qui nous honore tant, en éprouvant de la honte après avoir commis quelque chose de mal. Une personne qui ne ressent aucune honte a perdu son dernier rempart contre la violence ; elle est un vaurien. La parole de Jésus est sans appel. Mais, attention ! Il ne dit pas : “Oublie”.

— On dit souvent “je pardonne, mais je n'oublie pas.”

— Je ne peux oublier les choses qu'on m'a faites, mais je peux les regarder différemment, même si, sur le moment, je me suis senti très mal. Avec les années, nous nous bonifions, et comme le dirait Perón, nous “amortissons” peu à peu, nous devenons plus sages, plus patients. Et, lorsque la blessure est plus ou moins refermée, nous prenons de la distance. C'est une attitude réclamée par Dieu : le pardon du cœur. Le pardon signifie que ce que tu m'as fait, je ne te le fais pas payer, car c'est déjà sur la balance des pertes et profits. Sans doute, je ne l'oublierai pas, mais je ne vais pas non plus me venger. C'est-à-dire que je ne nourris pas de rancœur.

— Donc il ne s'agit pas de “passer l'éponge.” Mais plutôt de passer à autre chose.

— Non, pas de coup d'éponge. Je le redis, on ne peut pas oublier. En tout cas, je vais apaiser mon cœur et demander à Dieu de pardonner à celui qui m'a offensé. Cela dit, il est très difficile de pardonner sans se référer à Dieu, car la capacité de pardonner ne survient que si l'on a soi-même déjà été pardonné. Et, généralement, cette expérience, nous la tenons de Dieu. Bien sûr, elle est aussi vécue à travers l'homme. Mais seul celui qui a dû demander pardon, au moins une fois, est en mesure de l'accorder. Selon moi, il existe trois mots pour définir les gens, excuse, merci et pardon, mots qui résument bien certaines attitudes – soit dit en passant, cela me concerne, moi aussi. Une personne qui ne sait pas s'excuser bouscule, avance comme si elle était seule, comme si les autres n'existaient pas. En revanche, celui qui présente des excuses est plus humble, plus sociable, mieux intégré.

« Et que penser de celui qui ne dit jamais merci ou qui, dans son cœur, juge qu'il n'a à remercier personne ? Cela me rappelle ce refrain espagnol : *El bien nacido es agradecido.* [1] Car la gratitude est une fleur qui s'épanouit dans les esprits nobles. Enfin, il existe des gens qui considèrent qu'ils ne doivent demander pardon à aucun prix. Ils souffrent d'un péché capital : l'orgueil. Et j'insiste,

1. « La personne bien née est reconnaissante » (NdT).

seul celui qui a éprouvé le besoin de demander pardon et a expérimenté le pardon, peut pardonner. Par conséquent, ceux qui ne prononcent pas ces trois mots ont un handicap. Ils ont été élagués avant l'heure ou maltraités par la vie.

— Mais peut-on pardonner à celui qui ne s'est pas repenti pour le mal qu'il a commis ? Et à celui qui, si nous suivons l'enseignement du catéchisme, n'a manifesté en rien la volonté réparer ce mal ?

— Dans l'homélie d'une célébration de Corpus Christi, j'ai dit une chose qui en a scandalisé certains. Ils ont interprété mes paroles comme une espèce d'apologie de tout le mal que nous avons vécu et comme un encouragement à tourner simplement la page. C'était au moment où je faisais allusion à ceux qui maudissent le passé et ne pardonnent pas ; voire même à ceux qui utilisent le passé pour en tirer profit. J'ai alors affirmé qu'il faut bénir le passé par le repentir, le pardon et la réparation. Il faut associer le pardon aux deux autres attitudes. Si l'on m'a fait quelque mal, je dois pardonner, mais le pardon ne touchera autrui que s'il se repent et répare sa faute. On ne peut pas dire : "Je te pardonne et on efface tout". Que serait-il arrivé si, au procès de Nuremberg, on avait réagi ainsi avec les dirigeants nazis ? La réparation, pour nombre d'entre eux, fut la pendaison ; pour d'autres la prison. Comprenons-nous bien : je ne suis pas favorable à la peine de mort, mais c'était la loi à l'époque, et cela constitua la réparation exigée par la société, selon le droit en vigueur.

— Pourtant, le fait de pardonner n'est pas un acte unilatéral, soumis au bon vouloir de celui qui pardonne.

— Je dois être disposé à accorder le pardon, qui ne sera véritablement rendu que lorsque le destinataire sera digne de le recevoir. Et il pourra le recevoir à condition de s'être repenti et de vouloir réparer son geste. Sinon, la personne pardonnée restera, pour reprendre le jargon footballistique, *off-side*. Accorder le pardon est une chose, être prêt à le recevoir en est une autre.

« Si je frappe ma mère, et ensuite lui demande pardon, tout en sachant que si ce qu'elle fait ne me plaît pas je recommencerai, peut-être m'accordera-t-elle son pardon, mais je ne l'accueillerai pas car mon cœur est fermé. Autrement dit, il faut être préparé à recevoir le pardon. C'est pourquoi, à travers l'histoire des saints, dans les grands entretiens, apparaît cette célèbre expression "pleurer les péchés", pour traduire une attitude très chrétienne, pleurer pour le mal commis, qui implique le repentir et le désir de réparation.

— Mais lorsque les fautes commises sont très graves, les délits, atroces, n'arrive-t-il pas que se déclenche un mécanisme de négation, voire même de justification, en utilisant l'alibi, "il n'y avait pas d'autre remède" ?

— Je crois que cela arrive avec des incidents moins graves. Personnellement, il m'est arrivé – j'en ai parlé à mon confesseur – de vivre des instants de grande lucidité intérieure, durant lesquels je me plongeais dans le recensement de mes erreurs passées ou de péchés non réparés. En observant ces faits avec des yeux neufs, j'étais pris de terreur. Si, entre deux moments d'obscurité, ces instants lumineux m'ont paniqué alors que je prenais conscience de la dimension sociale de mes actions, ou de ce que j'avais négligé de faire, on peut aisément imaginer que ceux qui ont commis des fautes effroyables aient recours à un mécanisme de négation ou à des arguments de toutes sortes pour ne pas mourir d'angoisse.

— De toute façon, le problème en Argentine, est le "ce n'était personne..."

— En ça, il nous faut rendre hommage aux turbulents héros des premières décennies mouvementées de notre histoire, qui s'entretuaient à visage découvert. Par exemple : "Celui-là, c'est moi qui l'ai fusillé." Signé : Lavalle [1]. En revanche, après la violence politique de la fin du XXe siècle, presque

1. Juan Lavalle, militaire indépendantiste argentin (1797-1841).

personne n'a assumé ses responsabilités et, les rares fois où cela s'est produit, il y avait rarement des signes de repentir, ni une quelconque intention de réparer. Sous la dernière dictature militaire – avec les violations des droits de l'homme, qui comme nous, les évêques, l'avons dit, avaient un degré de gravité bien plus élevé, puisque orchestrées par l'État – des milliers de personnes ont disparu. Se refuser à le reconnaître, n'est-ce pas une façon exagérée, insupportable, de ne pas assumer ?

— Il y a aussi ceux qui adoptent des comportements revanchards. Pensez-vous que, par exemple, le rôle de la présidente des Mères de la place de Mai, Hebe de Bonafini, aille dans le sens de la réconciliation ?

— Il faut se mettre à la place d'une mère dont les enfants ont été séquestrés, qui n'a plus jamais eu de leurs nouvelles – ils sont la chair de sa chair –, qui n'a même pas su combien de temps ils sont restés en prison, combien de décharges de gégène, combien de coups de fouet ils ont enduré avant d'être tués, ni comment on les a massacrés. Je m'imagine ces femmes recherchant désespérément leurs fils, et se heurtant au cynisme des autorités qui les traînaient dans la boue et les baladaient d'un endroit à l'autre. Comment ne pas comprendre ce qu'elles ressentent ?

— L'Église a-t-elle correctement défendu les droits de l'homme durant ces années-là ?

— Pour répondre à cette question, il faut prendre en compte le fait que l'Église – constituée de tous les baptisés que nous sommes – comme l'ensemble de la société, a pris progressivement connaissance de ce qui était en train de se produire. En ce qui me concerne, je dois admettre qu'au début je disposais de moyens très limités pour interpréter certains faits : quand, en 1973, Perón rentre au pays et qu'une fusillade éclate à Ezeiza [1], je n'y comprends rien. Pas plus d'ailleurs que lorsque Cámpora démissionne de la présidence. Je ne possédais pas suffisamment d'informations politiques pour décrypter ces événements.

Peu à peu nous nous sommes rendu compte de la présence de la guérilla, de son projet d'occuper Tucumán, des actions terroristes, qui firent aussi des victimes parmi des civils innocents et des jeunes conscrits, jusqu'au jour où fut promulgué le décret de la présidente Isabel Martínez de Perón, ordonnant “l'annihilation de la subversion”. Là, nous avons commencé à prendre conscience de la gravité de la situation. Parallèlement, presque tout le monde s'est mis à “frapper aux portes des casernes”. Le coup d'État militaire de 1976 était

1. Aéroport international de Buenos Aires (NdT).

soutenu par une grande partie de la population, y compris la plupart des partis politiques. Si je ne m'abuse, je crois que le seul à s'y être opposé fut le Parti communiste révolutionnaire, même si, à la vérité, personne, à quelques rares exceptions près, ne soupçonnait ce qui allait se produire. Sur ce point, nous devons être réalistes, mais personne n'a pour autant le droit de se laver les mains. J'attends que les partis politiques et autres organisations demandent pardon, à l'exemple de l'Église. L'Épiscopat a diffusé en 1996 un examen de conscience et, en 2000, a fait son *mea culpa* à l'occasion du jubilé.

— Il y a ceux qui soutiennent que l'Église était parfaitement au courant de ce qui se passait sous la dictature.

— Je le redis : au début, on ne savait rien, ou presque, puis nous l'avons appris progressivement. Moi-même, en tant que prêtre, si j'avais effectivement compris la gravité de la situation et si j'avais su qu'il y avait autant de prisonniers... j'ai compris un peu plus tard. La société, dans son ensemble, en a pris totalement conscience lors du procès des généraux. C'est vrai que certains évêques se sont rendu compte avant les autres des méthodes employées contre les détenus. C'est vrai que des curés plus lucides ont risqué leur vie. Mgr Zazpe, alors archevêque de Santa Fe, a été l'un des premiers à s'apercevoir des agissements de la dictature, à la suite de la séquestration et des tortures abominables dont fut victime celui qui, avant le coup d'État, était administrateur de la capitale de la province : Adán Noé Campagnolo.

Il y eut aussi Hesayne, Novak et De Nevares, qui ont aussitôt réagi avec force, et ont commencé à se mobiliser pour la défense des droits de l'homme. D'autres encore ont fait beaucoup, mais parlaient moins. Il arrive aussi, que, inconsciemment, on ne veuille pas voir en face les événements susceptibles de dégénérer, ou dont on ne peut croire qu'ils soient vrais. Comme ces parents en présence d'un fils sous la dépendance de la drogue, du jeu ou d'une autre addiction. C'est une attitude très humaine. Personnellement, j'ai eu du mal à le reconnaître, jusqu'au jour où on a commencé à m'amener des gens et où j'ai dû cacher mon premier protégé.

— Nous aborderons ce thème plus tard. On entend souvent dire que l'Épiscopat a préféré mener des démarches discrètes plutôt que de faire des déclarations publiques, de crainte que celles-ci ne précipitent les exécutions. Était-ce une stratégie concertée ? Au final, n'était-ce pas plutôt un silence complice ?

— C'est un fait, on a suivi en partie cette stratégie. Cependant, malgré les démarches discrètes, les déclarations de l'Épiscopat ne laissent planer aucun doute. Et quiconque peut les consulter, car elles ont été réunies dans un livre, que nous avons présenté à l'occasion des vingt-cinq ans de notre document, *Église et Communauté nationale.* Les principales figurent au chapitre trois, intitulé « L'Église et les droits de l'homme », en pages 625 à 727. Et sans omissions, contrairement aux allégations malintentionnées de certains journalistes. L'Église s'est prononcée. Et y figure même une lettre pastorale datée du 15 mai 1976 qui révèle l'inquiétude des évêques. Plus une, d'avril 1977, qui dénonce la torture. Il y en eut d'autres encore durant la présidence d'Isabel Perón. Néanmoins, on y exprime certains doutes, car, comme je le disais, on ne savait pas réellement ce qui était en train de se passer. Mais des faits tels que le massacre des prêtres et séminaristes pallottins sont venus renforcer ces déclarations.

— Les années suivantes, chaque fois que l'Église évoquait la nécessité de parvenir à la réconciliation, beaucoup interprétaient cela comme un encouragement à l'impunité. Qu'en pensez-vous ?

— Sûrement pas. Je vais être clair : c'est à la justice d'agir. Il est vrai que les grands bouleversements planétaires, les guerres atroces, sont toujours suivis du processus socio-politique de l'amnistie. Après la Seconde Guerre mondiale, celle-ci a été décrétée dans plusieurs pays, mais cela n'a pas empêché de juger les responsables. La France a dû affronter les collaborateurs de Pétain, et a réagi avec générosité. Si de Gaulle était dur, il craignait aussi d'être injuste envers eux, car il était très difficile à l'époque de savoir comment agir vis-à-vis des Allemands. Ils n'ont pas exécuté Pétain, mais l'ont envoyé en Guyane [1]. De Gaulle voulait procéder à l'épuration des trente-cinq évêques qui avaient entretenu des relations avec Pétain. Alors Angelo Giuseppe Roncalli, le futur Jean XXIII, est entré en scène, en qualité de nonce de Paris, et finalement trois ou quatre évêques ont abdiqué. Je crois que l'on a su faire la différence entre des situations ambiguës, résultant de la peur, et des actes délictueux. On peut comprendre les premières, mais les autres, certainement pas. Pétain a fait ce qu'il a fait, en pensant agir en patriote. Mais il s'est trompé, quoique guidé par une bonne intention. Sinon, on lui aurait tranché la tête, car les Français n'y vont pas par quatre chemins.

— À ce propos, on rapporte souvent le cas de Jean-Paul II, qui pardonna à celui qui tenta de l'assassiner. Mais la justice a suivi son cours…

---

1. Il s'agit d'une erreur. Pétain est mort à l'île d'Yeu.

— Bien sûr. Ali Ağca a été poursuivi. Le pape lui a pardonné, mais Ağca a été condamné et a purgé sa peine jusqu'au bout, avant d'être renvoyé en Turquie où il reste toujours incarcéré pour d'autres délits commis auparavant dans son pays. J'en profite ici pour rappeler que l'on peut accorder le pardon avec son cœur, mais l'autre a le devoir de se repentir et de faire réparation. D'après la version que je connais, et que je pense exacte, lorsque le pape est allé le voir dans sa prison, à aucun moment Ali Ağca n'a manifesté de signe de repentir. Au contraire, il a dit : "Je ne comprends pas pourquoi vous n'êtes pas mort… je ne rate jamais mon coup."

— Cela dit, la quête d'une authentique réconciliation n'implique-t-elle pas de renoncer à quelque chose ? N'exige-t-elle pas des gestes magnanimes ?

— Nous devons toujours renoncer à quelque chose. Pour obtenir la réconciliation, il faut renoncer. C'est valable pour tout le monde. Mais attention, cela ne doit pas affecter l'essence de la justice. Peut-être faut-il demander à celui qui doit renoncer de le faire sans ressentiment. Le ressentiment équivaut à de la rancœur. Et vivre dans la rancœur, c'est comme boire de l'eau usée, comme s'alimenter de ses propres excréments ; cela signifie que l'on ne veut pas s'extraire de la boue.

« En revanche, la douleur, qui est une autre blessure, a le champ libre. Le ressentiment ressemble à une maison occupée, pleine de gens entassés, sans vue sur le ciel. Alors que la douleur est telle une demeure, où l'on s'entasse aussi, mais ouverte sur le ciel. En d'autres termes, la douleur ouvre à la prière, à la tendresse, à la compagnie d'un ami, à mille choses qui nous grandissent. La douleur est donc un état plus sain. L'expérience me l'a enseigné.

— La mère de Michelle Bachelet, la présidente du Chili [1], a raconté qu'un jour elle s'est retrouvée face à son bourreau dans un ascenseur, elle lui a pardonné, et en a éprouvé une grande paix.

— Pardonner fait toujours du bien, ce qui renvoie à votre question précédente : la vertu de la magnanimité. Le magnanime est toujours heureux. Le pusillanime, l'être au cœur flétri, n'atteint pas la félicité.

— Est-ce le pardon qui permet le plus à l'homme et à la femme de s'assimiler à Dieu ?

— L'amour est ce qui nous rapproche le plus de Dieu. Le pardon nous assimile à Lui en tant qu'acte d'amour.

1. Présidente du 11 mars 2006 au 11 mars 2010 (NdT).

Chapitre 14

Plongée dans une nuit obscure

Tandis que Jean-Paul II s'éteignait, les spéculations sur les candidats à sa succession s'intensifiaient ; le nom de Bergoglio apparaissait dans presque tous les pronostics des journalistes spécialisés [1]. Ces jours-là, une accusation des médias datant de plusieurs années refit surface à Buenos Aires, sur une supposée activité du cardinal Bergoglio très compromettante pendant la dernière dictature. Pis encore : on assurait que, la veille du conclave, qui devait désigner le successeur du pape polonais, une copie d'un article – signée du même auteur – qui contenait ladite accusation, fut envoyée aux boîtes électronique des cardinaux électeurs, avec pour seul but de diminuer les chances données au prêtre argentin.

1. Rappelons que ces entretiens ont été menés en 2009 et 2010.

La dénonciation attribuait au cardinal une part de responsabilité dans la séquestration de deux prêtres jésuites, qui œuvraient dans le quartier sensible portène de Flores, par des membres de la marine en mai 1976, deux mois après le coup d'État. Selon cette version, Bergoglio – à l'époque supérieur provincial de la Compagnie de Jésus en Argentine – avait demandé aux pères Orlando Yorio et Francisco Jalics d'abandonner leur travail pastoral de quartier et, comme ils s'y refusaient, il informa les militaires que les religieux ne comptaient plus sur la protection de l'Église, ouvrant de la sorte la voie vers leur séquestration, avec tout le danger que cela impliquait pour leurs vies.

Le cardinal n'a jamais voulu répondre à cette accusation, tout comme il n'a jamais fait allusion aux imputations du même acabit sur de soi-disant liens établis avec les membres de la junte militaire (il ne s'est d'ailleurs jamais exprimé publiquement sur son attitude durant la dernière dictature). Mais pour les besoins de notre enquête, il a reconnu que le sujet ne pouvait être ignoré. Il a donc accepté de raconter sa version des faits et de nous en dire plus sur son attitude durant la nuit noire traversée par l'Argentine. « Si je ne me suis pas prononcé à ce moment-là, c'était pour ne faire le jeu de personne, pas parce que j'avais quelque chose à cacher », nous a-t-il affirmé.

« Vous avez déjà laissé entendre que, pendant la dictature, vous avez caché des personnes recherchées. Comment cela s'est-il passé ? Combien de personnes avez-vous protégées ?

— Au collège Maximo de la Compagnie de Jésus, à San Miguel, dans le grand Buenos Aires où je résidais, j'ai caché quelques personnes. Je ne me souviens plus du nombre exact, mais il y en avait plusieurs. Après la mort de Mgr Enrique Angelelli, évêque de La Rioja, reconnu pour son engagement auprès des pauvres, j'ai hébergé dans ce lieu trois séminaristes de son diocèse qui faisaient des études de théologie. Ils ne se cachaient pas, mais ils étaient aidés, protégés. En allant à La Rioja pour participer à l'hommage des trente ans de la mort d'Angelelli, l'évêque de Bariloche, Fernando Maletti, s'est retrouvé dans le bus avec l'un des trois curés qui vit actuellement à Villa Eloisa, dans la province de Santa Fe. Maletti ne le connaissait pas. Mais en entamant la conversation, le prêtre lui a raconté que lui et les deux autres frères voyaient au collège Maximo des personnes qui pratiquaient "de longs exercices spirituels de vingt jours" et qu'avec le temps, ils se sont aperçus qu'il s'agissait d'un écran pour cacher des gens. Maletti me l'a répété plus tard, me confiant qu'il ignorait tout de cette histoire et qu'il faudrait la diffuser.

— À part cacher des gens, comment vous êtes-vous engagé ?

— Grâce à ma carte d'identité, j'ai aidé à quitter le pays (en le faisant passer par Foz do Iguaçu [1]) un jeune qui me ressemblait beaucoup. Il s'était habillé en prêtre, revêtant un habit de clergyman, ce qui lui a permis d'avoir la vie sauve. Bref, j'ai fait ce que j'ai pu à l'âge que j'avais, et j'avais peu de relations sur qui compter pour défendre des personnes séquestrées. À deux reprises, j'ai pu rencontrer le général Jorge Videla et l'amiral Emilio Massera. Lors de l'une de mes tentatives de dialogue avec Videla, je me suis débrouillé pour vérifier qui était l'aumônier militaire qui célébrait la messe, et j'ai convaincu ce dernier de dire qu'il était tombé malade et de me faire envoyer comme remplaçant. Je me souviens avoir dit la messe dans la résidence du commandant en chef de l'armée devant toute la famille de Videla, un samedi soir. Après, j'ai demandé à Videla si je pouvais m'entretenir avec lui, toujours dans le but de vérifier la situation des prêtres détenus. Je ne me suis pas rendu sur les lieux de détention, sauf le jour où je suis allé sur une base aéronautique, proche de San Miguel et voisine de la localité de José C. Paz, pour vérifier le sort d'un garçon.

1. Ville brésilienne frontalière de l'Argentine (NdT).

— Y a-t-il un cas dont vous vous rappelez spécialement ?

— Je me souviens d'une réunion avec une dame qu'Esther Ballestrino de Careaga m'amena ; comme je l'ai dit, elle avait été mon chef dans le laboratoire et m'avait beaucoup appris sur la politique... Par la suite, elle fut séquestrée et assassinée. Elle est aujourd'hui enterrée à l'église portène de Santa Cruz. La dame, originaire d'Avellaneda, dans le grand Buenos Aires, avait deux jeunes fils, mariés depuis deux ou trois ans. Tous deux délégués ouvriers et militants communistes, ils avaient été séquestrés. Devenue veuve, elle n'avait plus que ses fils dans sa vie. Comme cette femme pleurait ! Je n'oublierai jamais cette image. J'ai fait quelques recherches qui ne m'ont mené nulle part, et souvent je me reproche de ne pas avoir agi plus efficacement.

— Pouvez-vous nous citer un exemple de démarche qui a porté ses fruits ?

— Il me vient à l'esprit le cas d'un jeune du catéchisme qui avait été enlevé et séquestré, et pour lequel on m'avait demandé d'intercéder. Là aussi, j'ai agi dans les limites de mes possibilités et avec mon faible poids. Je ne sais pas jusqu'à quel point mes recherches auront été déterminantes, mais une chose est sûre : grâce à Dieu, le jeune homme fut libéré en peu de temps. Quelle joie pour sa famille ! Par conséquent, je le répète : après des situations comme celle-là, comment ne pas comprendre la réaction de toutes ces mères qui ont vécu un calvaire terrible, mais qui, à la différence de cette famille, n'ont jamais revu leurs enfants vivants ?

— Quel rôle avez-vous joué dans la séquestration des prêtres Yorio et Jalics ?

— Pour tout vous dire, ces prêtres étaient en train de monter une congrégation religieuse. Ils ont remis une première ébauche des règles à Mgrs Pironio, Zaspe et Serra. J'ai conservé la copie qu'ils m'ont remise. Le supérieur général des jésuites d'alors, le père Arrupe, leur a dit qu'ils devaient choisir entre la communauté dans laquelle ils vivaient et la Compagnie de Jésus, et il leur a ordonné de quitter la communauté. Comme ils insistaient pour maintenir leur projet, et le groupe avait été dissout, ils ont demandé à quitter la Compagnie. Ce fut un long processus interne qui dura plus d'un an. Il ne s'agissait pas d'une décision expéditive dont j'aurais été l'instigateur. Lorsque la démission de Yorio a été acceptée (comme celle du père Luis Dourron, qui travaillait à leurs côtés), il a été impossible d'en faire autant avec Jalics, car il avait fait sa profession solennelle et dans ce cas, seul le souverain pontife était habilité à recevoir la demande. Nous étions en mars 1976, plus exactement le 19, soit cinq jours avant le renversement du régime d'Eva Perón. Vu les rumeurs sur l'imminence d'un coup d'État, je leur ai conseillé de faire très attention. Je me souviens que je leur ai proposé, au cas où leur sécurité l'exigerait, de venir vivre dans la maison provinciale de la Compagnie.

— Ils couraient un danger simplement parce qu'ils œuvraient dans un quartier sensible ?

— Effectivement. Ils vivaient dans le quartier Rivadavia del Bajo Flores. Je n'ai jamais cru qu'ils fussent impliqués dans des “activités subversives”, comme le soutenaient leurs persécuteurs. Ils ne l'étaient vraiment pas. Cependant, du fait qu'ils connaissaient d'autres curés des zones sensibles, ils étaient trop exposés à la paranoïa de la chasse aux sorcières. Restés dans le quartier, Yorio et Jalics ont été séquestrés lors d'une perquisition sévère. Dourron s'est sauvé pendant l'opération ; il circulait dans le quartier à bicyclette et assistant à tout ce mouvement, il a fui par la rue Videla. Fort heureusement, les deux autres prêtres ont été libérés quelque temps plus tard, d'abord parce que l'on ne pouvait les accuser de rien, ensuite parce que nous nous sommes démenés comme des fous pour les sauver. J'ai réagi la nuit même où j'ai appris leur séquestration. Les deux fois où j'ai rencontré Videla et deux fois Massera, c'était pour ce motif.

— D'après la presse, Yorio et Jalics auraient estimé que, vous aussi, les traitiez de subversifs, ou tout au moins parce que vous auriez adopté une forme de harcèlement à leur encontre à cause de leur conduite.

— Je ne veux pas céder à ceux qui veulent m'enfermer dans un schéma. Je viens d'exposer en toute sincérité ma vision sur le rôle de ces prêtres, et l'attitude que j'ai assumée après leur séquestration. Lorsqu'il est à Buenos Aires, Jalics vient me rendre visite. Une fois d'ailleurs, nous avons célébré la messe ensemble. Il donne des cours avec mon aval. Après que le Saint-Siège lui eût fait savoir qu'il accepterait sa démission, il a finalement décidé de rester au sein de la Compagnie de Jésus. Je le répète : je ne les ai ni chassés de la congrégation, ni retenus sans protection.

— De plus, la dénonciation rapporte que, trois ans plus tard, alors que Jalics résidait en Allemagne et que l'Argentine était encore en pleine dictature, il vous a demandé d'intercéder auprès de la chancellerie pour renouveler son passeport sans avoir à sortir du pays ; même si vous avez entamé la démarche, vous auriez conseillé aux fonctionnaires du secrétariat du Culte du ministère des Affaires étrangères de ne pas prendre en compte la demande du prêtre, étant donné son passé subversif…

— C'est inexact. Oui, c'est vrai que Jalics – né en Hongrie, mais citoyen argentin détenteur d'un passeport argentin – m'a fait cette demande alors que j'étais encore provincial, car il craignait, à juste titre, de se rendre en Argentine et de se faire à nouveau arrêter. J'ai alors écrit une lettre aux autorités exposant sa requête – sans en préciser la raison réelle, mais en expliquant que le voyage était trop coûteux – afin d'obtenir la gestion depuis l'ambassade de Bonn. Je l'ai remise en mains propres à un fonctionnaire qui m'a interrogé sur les circonstances du départ précipité de Jalics. "On les a accusés, lui et l'autre prêtre, d'être des guérilleros, mais ils n'ont rien à voir avec tout cela", lui ai-je répondu. "Eh bien, laissez-moi la lettre, et on lui répondra plus tard", furent ses paroles.

— Que s'est-il passé ensuite ?

— Ils ont évidemment rejeté la demande. L'auteur de la dénonciation à mon encontre est allé consulter les archives du secrétariat du Culte, et la seule chose qu'il a mentionnée, c'est ce qu'il a trouvé sur un bout de papier où le fonctionnaire relatait notre dialogue, rapportant que je lui avais dit que les prêtres avaient été accusés d'être des guérilleros. En somme, il a extrait un morceau de la phrase sans retenir la partie où je signalais que les prêtres n'avaient rien à voir avec tout cela. De plus, l'auteur de la dénonciation a fait l'impasse sur la lettre attestant que je soutenais Jalics, et où je faisais cette demande.

— On a aussi dit que vous avez démarché auprès de l'université El Salvador, créée par les jésuites, pour qu'elle nomme l'amiral Massera docteur *honoris causa*.

— Je crois qu'il ne s'agissait pas du titre de docteur, mais de professeur. Et je n'en ai pas été l'initiateur. J'ai reçu l'invitation à la cérémonie, mais n'y suis pas allé. Et lorsque j'ai découvert qu'un groupe avait politisé l'université, je me suis rendu à une réunion de l'Association civile et j'ai demandé à ses membres de partir, même si l'université n'appartenant plus à la Compagnie de Jésus, je n'y exerçais d'autre autorité que celle de simple prêtre. Je dis cela car on m'attribuait en outre un lien avec ce groupe politique. De toute façon, répondre à chacune de ces accusations revient à entrer dans leur jeu. Récemment, j'ai participé à une célébration dans une synagogue. J'ai beaucoup prié, et pendant ma prière, j'ai entendu cette phrase des textes sapientiaux, que j'avais oubliée : "Seigneur, sachez garder le silence face à la moquerie." Cela m'a apporté une grande paix et une immense joie.

* *
*

Lorsque le jeune père Jorge Bergoglio frappa à la porte du bureau de maître Alicia Oliveira, celle-ci s'attendait à une réunion de travail ordinaire, celle d'un juge pénal dans la première moitié des années 1970. Elle était loin d'imaginer qu'elle allait si bien s'entendre avec le prêtre, et qu'il surgirait de leur rencontre une longue amitié. Au point de la convertir en un témoin clé de l'activité de Bergoglio sous la dictature militaire. Me Oliveira a à son actif une longue militance pour la défense des droits de l'homme, qui débuta dès qu'elle intégra la justice pénale. Un engagement qui, après le coup d'État militaire, lui coûta son poste de magistrate, conséquence de la première loi d'exonération [1].

Elle a signé des centaine d'*habeas corpus* notifiant des détentions illégales et des disparitions durant la dernière dictature, elle a exercé comme avocate et intégré la première commission directive du Centre d'études sociales et légales (CELS), l'une des ONG les plus emblématiques dédiées à la lutte contre les violations des droits de l'homme.

Au retour de la démocratie, elle a occupé diverses fonctions, dont celles de membre de la Convention nationale de 1994 (à l'issue de laquelle elle a été élue sur la liste de Frente Grande, un

1. Décret qui garantissait l'impunité aux forces armées (NdT).

groupe péroniste dissident de centre gauche) et d'avocate de la population urbaine de Buenos Aires entre 1998 et 2003. Ensuite, avec l'arrivée de Nestor Kirchner à la présidence, elle a été nommée représentante spéciale pour les droits de l'homme de la chancellerie, fonction qu'elle a occupée pendant deux ans avant de prendre sa retraite.

« Je me souviens, nous confie-t-elle, que Bergoglio était venu me voir au tribunal au sujet du problème d'une tierce personne, ce devait être en 1974 ou 1975 ; nous avons commencé à bavarder et nous avons sympathisé, ce qui a donné lieu à de nouvelles rencontres. Lors d'une de ces discussions, nous avons évoqué l'imminence d'un coup d'État. En tant que responsable provincial des jésuites, lui était sûrement mieux informé que moi. Les noms des futurs ministres étaient même annoncés dans la presse. Le quotidien *La Razón* avait prédit que José Alfredo Martinez de Hoz serait ministre de l'Économie. Bergoglio semblait très préoccupé, car il pressentait ce qui allait survenir. Et comme il connaissait mon engagement pour les droits de l'homme, il craignait pour ma vie. Il est allé jusqu'à me suggérer d'aller vivre un temps au collège Maximo. Mais j'ai refusé, lui répondant sur un ton en total décalage par rapport aux événements à venir : "Autant être arrêtée par les militaires plutôt que d'avoir à vivre parmi les curés." »

Toutefois, la magistrate avait pris ses précautions. Elle déclara à la secrétaire du tribunal, en qui elle avait une totale confiance, le docteur Carmen Argibay – la future ministre de la Cour suprême de justice de la nation, sur proposition de Kirchner – qu'elle pensait lui laisser provisoirement la garde de ses deux enfants, car elle devait se cacher, par crainte d'être emprisonnée par les militaires. Finalement, elle changea d'avis, et ne fut pas non plus arrêtée. En revanche, Argibay a été interpellée le jour du coup d'État. Oliveira, désespérée, a essayé de connaître son lieu de détention, jusqu'à ce que, dans la prison de Devoto, quelqu'un l'informe qu'elle s'y trouvait. Mais elle n'a jamais su pourquoi Argibay avait passé plusieurs mois en prison. L'intéressée non plus.

Après la chute du gouvernement d'Isabel Perón, les rencontres entre Oliveira et Bergoglio se firent plus fréquentes. « Lors de ces conversations, j'ai pu me rendre compte que ses craintes allaient croissant, en particulier pour les prêtres jésuites de la communauté, raconte Oliveira. Aujourd'hui, je crois que Bergoglio et moi avions déjà commencé à prendre conscience de la mentalité des militaires de l'époque. Leur penchant pour la logique ami-ennemi, leur incapacité à faire la différence entre action politique, sociale ou religieuse et lutte armée constituait unc menace. Et nous connaissions parfaitement les risques que couraient ceux qui se rendaient dans les quartiers populaires. Non seulement eux, mais aussi les habitants, qui pouvaient être “touchés par ricochet”. »

Elle se souvient d'une amie qui allait également au catéchisme de la communauté – sans appartenir au moindre groupe activiste ; elle l'avait implorée de ne plus s'y rendre. « Je l'ai prévenue que les militaires ne comprenaient rien, que lorsqu'ils voyaient quelqu'un d'étranger au quartier, ils pensaient avoir affaire à un terroriste marxiste-léniniste international », raconte-t-elle. Elle a dû déployer bien des efforts avant de le lui faire comprendre. Finalement, la fille est partie et, quelques années plus tard, elle a reconnu que ses avertissements lui avaient sauvé la vie. « Mais d'autres personnes, qui étaient restées, n'ont pas connu le même sort ; c'est pourquoi Bergoglio était si inquiet pour les prêtres du quartier et voulait qu'ils partent », renchérit-elle.

Oliveira se souvient aussi que le père Jorge ne s'était pas mobilisé seulement pour retrouver Yorio et Jalics et les faire libérer, mais qu'il avait également tout fait pour localiser quantité d'autres détenus. Ou pour les aider à quitter l'Argentine, comme ce jeune homme qui lui ressemblait, et à qui il avait donné sa carte d'identité. « J'allais souvent, le dimanche, au centre d'études de San

Ignacio... Il est clair que nombre de repas y étaient servis pour dire adieu aux personnes que le père Jorge aidait à sortir du pays », signale-t-elle.

Bergoglio a même réussi à cacher une bibliothèque familiale composée d'auteurs marxistes. « Un jour, Esther Ballestrino de Careaga l'a appelé pour lui demander de venir chez elle donner l'extrême-onction à un parent, à sa grande surprise, car cette famille n'est pas croyante. Mais arrivé sur les lieux, il apprit le véritable motif : elle voulait qu'il emporte les livres de sa fille, alors sous surveillance. Celle-ci a par la suite été séquestrée, puis libérée, contrairement à ce qui arriverait plus tard à sa mère », se rappelle Oliveira.

Quant à l'attitude de l'université El Salvador durant la dernière dictature, et le rôle qu'y joua le futur cardinal, Oliveira assure que ce qu'elle a vécu dans cette école de hautes études ne peut aucunement être associé à une quelconque complicité avec la dictature. « Je ne sais pas ce qu'il s'est passé à l'université, mais bon nombre d'entre nous allions nous y abriter », souligne-t-elle. Elle raconte qu'elle partageait la chaire de droit pénal avec Eugenio Zaffaroni [destitué, lui aussi, par la dictature, mais en tant que professeur de la UBA [1] ; il sera plus tard promu à la Cour suprême par Kirchner]. Et dans ces cours, elle

1. Université de Buenos Aires.

parlait librement. « Lorsque je faisais un exposé sur l'ordalie [loi qui, au Moyen Âge, servait à soumettre l'accusé à de terribles épreuves physiques pour déterminer sa culpabilité ou son innocence], les élèves me disaient que c'était horrible, et moi je leur racontais ce qui était en train de se passer dans notre pays ; Bergoglio me mettait en garde, m'avertissant que les militaires allaient m'enlever en Falcon verte [1]. »

Avec son compagnon de chaire, Oliveira a vécu un épisode qui, à ses yeux, est tout à fait révélateur de la position de Bergoglio face à la dictature. À la fin du régime militaire, lors de l'étape pré-électorale, Zaffaroni apprit que le juriste Charles Moyer, ex-secrétaire de la Cour internationale des droits de l'homme, voulait venir au pays pour convaincre les candidats de l'importance de l'adhésion de l'Argentine à la Convention interaméricaine des droits de l'homme [le pacte de San José de Costa Rica]. Or, à ce moment-là, Meyer occupait un poste au siège de l'OEA [2] à Washington. Le secrétaire général de cette organisation, l'Argentin Alejandro Orfila, qui avait eu vent de son projet, le menaça de licenciement s'il faisait le voyage à

1. La Ford Falcon verte était la voiture utilisée par les militaires argentins pour kidnapper les gens. Elle est rapidement devenue le symbole de la terreur.

2. Organisation des États américains (NdT).

Buenos Aires. « Car Orfila avait des liens importants avec la dictature », précise Oliveira.

Zaffaroni a demandé à la jeune femme comment ils pourraient, malgré tout, le faire venir en avançant une fausse raison. Oliveira a trouvé la parade : « Ce que j'ai fait ? J'ai bien sûr sollicité don Jorge, qui m'a dit de ne pas m'inquiéter. Quelque temps plus tard, elle tombait sur une lettre annonçant que l'Université invitait Moyer pour donner un débat sur la procédure de la Cour interaméricaine des droits de l'homme... On ne pouvait imaginer plus ennuyeux ! Pour l'occasion, on a convoqué les professeurs de droit international. Bergoglio m'a priée de ne franchir en aucun cas le seuil de la porte. Le *gringo* ne savait pas quoi dire. Après, discrètement, nous l'avons emmené voir les candidats aux élections. Ce fut pathétique : presque personne ne connaissait le pacte de San José. De retour à Washington, Moyer a adressé une lettre de remerciements à Bergoglio. Et Raúl Alfonsin a ratifié le pacte à contrecœur. »

Quoi qu'il en soit, Oliveira – plutôt critique sur l'action de nombreux évêques sous la dictature – admet que planeront toujours des interrogations sur les membres du clergé. À savoir, si, en s'occupant individuellement des victimes de la répression illégale, ils ont adopté la meilleure stratégie.

Ont-ils eu raison de privilégier les démarches discrètes, ou devaient-ils choisir la dénonciation publique ? Était-ce le meilleur moyen de protéger et de sauver des vies ? Le supérieur d'une communauté religieuse pouvait-il prendre le risque de « se tirer une balle dans le pied » et descendre seul dans l'arène ?

« En fait, je ne sais pas ce qu'il aurait été préférable de faire, ni comment fonctionnent les différents corps de l'Église. » Malgré tout, elle considère que les doutes légitimes – qui se font jour bien souvent avec le recul des années – sur les choix arrêtés ne doivent pas remettre en cause certains faits, comme la conduite de Bergoglio. Encore moins donner foi à des accusations infondées. C'est pourquoi Oliveira qualifie d'« opération d'intelligence ordurière » l'envoi de ce courrier électronique aux cardinaux en plein conclave pour la succession de Jean-Paul II, le fameux article où était dénoncée la pseudo-complicité de Bergoglio avec la dictature. D'autant que – selon elle – son auteur « en avait rédigé un autre, quelques années plus tôt, où il disait des choses bien différentes, où il disait la vérité ».

Cependant, elle admet avoir accueilli avec soulagement la nouvelle informant que Bergoglio n'était pas élu pape. « Pour tout vous dire, s'il l'avait été, j'aurais éprouvé un sentiment d'abandon car, pour moi, il est comme un frère, et puis, nous, les Argentins, avons besoin de lui », conclut-elle.

Chapitre 15

Des raisons d'avoir confiance dans l'avenir

Le XXe siècle a démarré plein d'optimisme. Pouvait-on imaginer les deux guerres mondiales ? Le génocide arménien ? L'Holocauste du peuple juif ? La cruauté stalinienne à grande échelle ? Les progrès politiques, sociaux, scientifiques et technologiques évidents n'ont pas suffi à sortir de la pénurie de vastes couches de la population mondiale et faire en sorte que la liberté et la justice cessent d'être un bien rare. À vrai dire, le fossé entre les riches et les pauvres s'agrandit. L'homme a été l'auteur de grands exploits, mais aussi de terribles désastres. Les religions ont dû affronter les défis de la modernité, la menace des fondamentalismes et des attaques parfois très virulentes. L'Argentine, un des premiers pays du monde, est resté à la traîne. Comment le XXIe siècle se présente-t-il ?

Lors du dernier entretien, nous ne voulions pas entraîner notre interlocuteur vers un rôle de devin. Nous voulions savoir s'il avait des raisons solides d'espérer, quelles étaient ses principales attentes, mais aussi ses principales préoccupations face à l'avenir. Est-il de ceux qui pensent que le passé est meilleur et que le monde va de mal en pis ? Ou fait-il partie de ceux qui croient que l'humanité, tant bien que mal, avance de façon irréversible ? Allons-nous vers des temps plus religieux ou la transcendance perdra-t-elle irrémédiablement du terrain ? Quel devra être le rôle de l'Église catholique dans la construction d'une société meilleure ? Est-il utopique de penser à la réunification du christianisme ? Quel sort est-il réservé à l'Argentine ?

« Procédons par ordre. Pour moi, l'espérance est dans la personne humaine, dans ce qu'elle a dans le cœur. Je crois en l'homme. Je ne dis pas qu'il est bon ou mauvais, mais je crois en lui, en la dignité et la grandeur de la personne. La vie nous pose au fil du temps des questions morales, et nous mettons, ou non, nos principes en pratique, parce que nous nous trouvons parfois piégés par les circonstances et que nous succombons à nos faiblesses. Le XXe siècle a vécu des événements fantastiques et d'autres épouvantables. Cela dit, allons-nous mieux ou plus mal qu'avant ? Si l'on observe l'histoire, on remarque qu'elle a des hauts et des bas. Par exemple, on dit des Chinois qu'ils sont comme les bouchons : dans certaines circonstances ils s'enfoncent, dans d'autres ils refont surface. C'est-à-dire qu'ils réapparaissent toujours. Je crois que c'est aussi applicable, en général, à la nature humaine, à toutes les personnes et toutes les sociétés.

— Reconnaissons qu'il n'est pas facile de croire en l'homme face à ce qui s'est passé au siècle dernier.

— En réalité, l'histoire semble une calamité, un désastre moral, un chaos de possibilités holistiques. Quand on pense aux empires construits au prix du sang de tant de gens, à la soumission de peuples entiers ; quand on pense aux génocides arménien, ukrainien ou juif… Si on regarde l'histoire récente et moins récente, il y a de quoi s'arracher les cheveux. Aujourd'hui, à la messe, nous avons lu le passage de la Genèse qui souligne que Dieu se repentit d'avoir créé l'homme à cause de toutes les mauvaises actions qu'il a commises. C'est là une des clés d'interprétation de l'histoire. Il est vrai que celui qui l'a écrit ne raconte pas un fait historique, il propose une interprétation théologique de la malveillance humaine. Alors, que nous dit la Parole de Dieu ? qu'il y a des moments dans l'histoire où la dignité de l'homme s'avilit. Cependant, plus tard, elle renaît.

— Croyez-vous, réellement, que votre argument soit convaincant pour tant de gens qui sont effrayés, non seulement par tout ce qui s'est passé, mais par tout ce qui se passe aujourd'hui ?

— Il ne faut pas avoir peur des malheurs. Cela me fait penser au personnage de Catita, interprété par Niní Marshall. Quand quelqu'un lui racontait un malheur, elle disait : "C'est à moi que vous dites ça, madame ?" On peut toujours répondre "C'est à moi que vous dites ça, madame ?" Il y a toujours une expérience encore pire. Quelle différence y a-t-il entre le cas de gamins qu'on enlève et qu'on dépèce pour récupérer leurs organes, et les sacrifices d'enfants que faisaient d'autres cultures ? La voie du mal a toujours existé, la possibilité de l'homme de se convertir en monstre. Bien entendu, dans la mesure où nous sommes en train de la vivre, nous en souffrons davantage. Malgré tout, l'histoire continue. L'homme continue d'avoir des attitudes altruistes, d'écrire de très belles choses, de faire de la poésie, de peindre, d'inventer et de développer la recherche scientifique. Comme je crois à l'avenir du point de vue humain, j'y crois encore plus dans la perspective chrétienne, à partir de la présence du Christ parmi nous.

— Vous êtes donc de ceux qui croient que la civilisation progresse ?

— Pour répondre, je dois d'abord dire qu'il y a deux types d'“incivilisation”. L'une est liée au chaos préexistant sur lequel la science (et tout le reste) agit, ordonne et qu'elle transforme, suscitant le progrès culturel, scientifique, industriel... Néanmoins, l'homme a la possibilité de créer un autre chaos, une seconde forme d'“incivilisation”, si ses inventions lui échappent et qu'il finit par être dominé par elles, si les découvertes scientifiques le dépassent et qu'il n'est plus le maître de sa création mais l'esclave de ses inventions. Il suffit d'évoquer ses expériences avec les gènes et le clonage, qui finiront peut-être par cristalliser le mythe de Frankenstein. Ou l'usage belliqueux qu'il fait de l'énergie atomique. Ou encore l'enthousiasme qu'il manifeste pour des lois antihumaines en croyant qu'elles sont progressistes. Cette seconde forme d'inculture, comme je le disais, est celle qui crée les catastrophes et, en dernière instance, celle qui mène aux grandes défaites de l'homme qui font que l'humanité, d'une certaine façon, est obligée de recommencer.

— Le problème est que, comme l'Église nous en avertit, la science avance rapidement et les principes éthiques semblent s'étioler.

— C'est vrai. C'est pourquoi le dialogue éthique est si important, si l'éthique est bonne. J'avoue que j'ai une peur panique des intellectuels sans talent et des éthiciens sans bonté. L'éthique est une floraison de la bonté humaine. Elle est enracinée dans la capacité d'être bon qu'a la personne ou la société. Dans le cas contraire, elle se convertit en "éthicisme", en une éthique apparente et, en définitive, en une grande hypocrisie, une double vie. La personne qui prend le masque de l'éthique, au fond, n'a pas de bonté. On peut transposer cela dans le domaine des relations internationales. Pensons, par exemple, au sida, qui est en train de décimer des populations entières en Afrique. Les habitants d'une partie de ce continent sont condamnés à l'extermination au milieu d'une relative indifférence, au point qu'on se demande si certains n'ont pas envie de transformer cette zone en un vide, une vaste poumon pour l'humanité.

— La baisse de la natalité dans le Vieux Monde et l'augmentation du nombre de personnes seules vous préoccupent-elles ?

— Bien sûr que cela me préoccupe. C'est une forme de suicide social. En 2022, en Italie il n'y aura pas assez de rentrées dans les caisses de retraite, c'est-à-dire que le pays n'aura pas les fonds nécessaires pour payer les retraités. À la fin de l'année 2007, la France s'est réjouie d'atteindre deux enfants par femme. Mais l'Italie et l'Espagne en ont moins d'un. Ce qui veut dire qu'il y aura des espaces physiques et des réalités sociales qui seront remplacés ; cela implique l'émergence d'autres cultures et, peut-être, d'une autre civilisation. L'invasion des Barbares en 400 sera, probablement, remplacée par une autre modalité, mais le territoire que certains quitteront sera occupé par d'autres. Du fait des migrations, l'Europe peut expérimenter des changements dans sa culture. Quoique, à vrai dire, ce ne soit pas là un phénomène nouveau. N'oublions pas que les grandes communautés chrétiennes, qui existèrent pendant plusieurs siècles dans le nord de l'Afrique, n'existent plus aujourd'hui.

— À ce propos, comment imaginez-vous l'avenir de l'Église catholique ? Le nouveau siècle sera-t-il religieux ?

— L'Église doit accompagner le développement des peuples – leur dimension existentielle, morale, humaine – avec tout leur potentiel. Elle doit faire croître le potentiel de l'humanité car l'homme est objet de la révélation de Dieu, image de Dieu. En tant que chrétiens, nous ne pouvons abjurer cette conception, ni la négocier. À part ça, je crois que le nouveau siècle sera religieux. Néanmoins, il faudra voir de quelle façon. La foi, je répète, est parfois accompagnée d'une espèce de théisme vague qui mêle le psychologique et le parapsychologique, et pas toujours d'une véritable et profonde rencontre personnelle avec Dieu, comme le veut la tradition chrétienne.

— Vous croyez qu'on avancera dans la réunification des confessions chrétiennes ?

— Je me réjouis des démarches qui ont été entreprises et continuent à être entreprises avec le mouvement œcuménique. Nous, les catholiques et les évangéliques, nous sentons plus proches quand nous cohabitons avec d'autres. Nous recherchons une diversité réconciliée. Pour répondre directement à votre question : je ne crois pas qu'on puisse, à l'heure actuelle, penser à la réunion, ou à l'unité totale, mais plutôt à une diversité réconciliée qui implique que l'on marche ensemble, en priant et en travaillant ensemble, et qu'ensemble nous cherchions la rencontre dans la vérité.

— Et comment imaginez-vous l'avenir de l'Argentine ?

— La société a des réserves morales, culturelles… Heureusement, plus notre peuple est simple, plus il est solidaire. Il est vrai qu'à certaines occasions, des incidents inquiétants arrivent comme, il y a quelque temps, un incendie dans un bidonville de Buenos Aires, lié à une bagarre entre pauvres, qui a attenté à nos réserves de solidarité. Heureusement, nous n'avons pas encore perdu ces réserves. Le défi consiste à être vigilant et à les protéger. Lorsque les hommes politiques se mettent à chercher des solutions en signant des pactes, ils font erreur s'ils ne prennent pas appui sur la solidité de la réserve morale de notre peuple. Ils établissent un simple contrat qui peut être rompu au moindre caprice. Il est vrai que le peuple est malmené, plongé dans une situation un peu anarchique, mais nous pouvons encore accomplir beaucoup pour la patrie car, j'insiste, nous avons des réserves.

— Pourquoi utilisez-vous le terme de patrie ?

— J'aime bien parler de patrie, pas de pays ou de nation. Le pays est, en dernière instance, un fait géographique, et la nation un fait légal, constitutionnel. En revanche, la patrie est ce qui donne l'identité. D'une personne qui aime le lieu où elle vit, on ne dit pas qu'elle est une "paysiste" ou une nationaliste, mais une patriote. *Patrie* vient de *père* ; c'est elle, comme je l'ai déjà dit, qui reçoit la tradition des pères, la poursuit, la fait progresser. La patrie est l'héritage des pères dans le présent, qui doit être perpétué. C'est pourquoi ceux qui parlent d'une patrie détachée de son héritage, aussi bien que ceux qui veulent la réduire à l'héritage sans lui permettre de croître, font erreur.

— En résumé, vous avez une vision modérément optimiste de l'avenir de votre pays et du monde…

— C'est ce que je ressens. Je peux me tromper. Nous, nous ne le verrons pas, c'est nos enfants qui le verront. Comme dans l'histoire des deux prêtres en train de parler d'un futur concile et l'un d'eux demande : "Un nouveau concile va supprimer le célibat obligatoire ?" Et l'autre répond : "Il paraît que oui." Le premier conclut : "De toute façon, nous ne le verrons pas ; c'est nos enfants qui le verront." Plaisanterie à part, il est utile de ne pas confondre optimisme et espérance. L'optimisme est une attitude psychologique face à la vie. L'espérance va au-delà. C'est l'ancre qu'on lance dans le futur et qui permet de tirer sur la corde pour arriver à ce à quoi on aspire. C'est s'efforcer dans la bonne direction. En plus, l'espérance est théologale : Dieu sert d'intermédiaire. Pour toutes ces raisons, je crois que la vie triomphe. »

ANNEXE

RÉFLEXIONS À PARTIR DE *MARTÍN FIERRO*

Dans le message qu'il a adressé aux communautés éducatives de la ville de Buenos Aires à l'occasion des Pâques de 2002, le cardinal Jorge Bergoglio s'est livré à une série de réflexions sur l'Argentine à partir du poème *Martín Fierro*, épopée fondatrice du pays, que les auteurs ont décidé d'inclure car elle reflète la vision du cardinal sur la situation nationale, avec une acuité et une finesse particulières.

Martín Fierro, *poème « national »*

1. L'identité nationale dans un monde globalisé

C'est curieux. Rien qu'à voir le titre du livre, avant même de l'ouvrir, je trouve des motifs de réflexion très forts sur les principaux points de notre identité en tant que nation. Prenons *Le Gaucho Martín Fierro*, car tel était le titre du premier livre de cette épopée quand il a été publié, connu plus tard sous le nom de « L'Aller » [1] : qu'a donc à voir le *gaucho* avec nous ? Si nous vivions à la campagne, si nous travaillions avec des animaux, ou du moins dans des villages ruraux, dans un contact plus étroit avec la terre, ce serait plus facile à comprendre... Dans nos grandes villes, notamment à Buenos Aires, beaucoup de gens doivent se souvenir du petit cheval de manège ou des enclos de *mataderos* comme de ce qu'ils ont connu de plus proche de l'expérience équestre. Et est-il besoin de rappeler que plus de 86 % des Argentins vivent dans de grandes villes ? Le monde de *Martín Fierro* est bien plus étranger à la majorité de nos jeunes et de nos enfants que les décors mystico-futuristes des bandes dessinées japonaises.

Cela est très lié, bien entendu, au phénomène de la globalisation. De Bangkok à Saõ Paulo, de Buenos Aires à Los Angeles ou Sydney, une foule de jeunes écoutent les mêmes musiques, les enfants regardent les mêmes dessins animés, les familles s'habillent, mangent et vont se divertir dans les mêmes chaînes. La production et le commerce circulent à travers des frontières nationales de plus en plus perméables. Idées, religions et modes de vie nous deviennent plus familiers grâce aux moyens de communication et au tourisme.

Cependant, cette globalisation est une réalité ambiguë. De nombreux facteurs nous incitent à supprimer les barrières culturelles qui empêchaient la reconnais-

1. « La Ida », le second livre s'intitulant « La Vuelta » (Le Retour). (NdT).

sance de la commune dignité des êtres humains, en acceptant la diversité des conditions, des races, du sexe ou de la culture. Jamais l'humanité n'a eu, comme aujourd'hui, la possibilité de constituer une telle communauté mondiale, solidaire et avec autant de facettes. D'un autre côté, l'indifférence face aux déséquilibres sociaux croissants, l'imposition unilatérale de valeurs et de coutumes par une poignée de cultures, la crise écologique et l'exclusion de millions d'êtres humains des bénéfices du développement, font sérieusement douter des bienfaits de cette mondialisation. La création d'une famille humaine solidaire et fraternelle continue, dans ce contexte, d'être une utopie.

Le véritable progrès de la conscience de l'humanité ne peut se fonder sur que sur la pratique du dialogue et de l'amour. Dialogue et amour sont implicites dans la reconnaissance de l'autre comme autre, l'acceptation de la diversité. Il n'y a qu'ainsi que peut se fonder la valeur de la communauté : non pas en prétendant que l'autre se subordonne à mes critères et à mes priorités, non pas en « absorbant » l'autre, mais en le reconnaissant comme précieux, et en exaltant cette diversité qui nous enrichit. Le reste est pur narcissisme, impérialisme, simple sottise.

Cela doit également se lire en sens inverse : comment puis-je dialoguer, comment puis-je aimer, comment puis-je construire quelque chose de commun si je laisse se diluer, se perdre, disparaître ce qui aurait été mon apport ? La globalisation comme imposition unidirectionnelle et uniformisante de valeurs, de pratiques et de marchandises est liée à l'intégration entendue comme imitation et subordination culturelle, intellectuelle et spirituelle. Qui voudrait de ces prophètes de l'isolement, de ces ermites localistes dans un monde global, de ces passagers du fourgon de queue décérébrés et mimétiques, qui admirent les feux d'artifice du monde (des autres), bouche bée, avec des applaudissements programmés. Les peuples, en s'intégrant au dialogue global, apportent les valeurs de leur culture et doivent les protéger de toute absorption ou « synthèse de laboratoire » susceptible de les diluer dans « le commun », « le global ». En apportant ces valeurs, ils reçoivent d'autres peuples, avec le même respect et la même dignité, les cultures qui leur sont propres.

Il ne s'agit pas non plus d'introduire un éclectisme effréné, sans quoi les valeurs d'un peuple se déracinent, quittent la terre fertile qui les fait vivre pour se perdre dans une sorte de marché de curiosités où « tout est pareil, mais vas-y donc ! et là-bas, dans la fournaise, / nous allons nous retrouver ! » [1]

2. La nation comme continuité d'une histoire commune

Nous ne pouvons lire avec profit notre « poème national » que si nous comprenons que ce qui s'y raconte a directement à voir avec nous, ici et maintenant, non pas parce que nous sommes des *gauchos* ou

1. Paroles d'un célèbre tango de Discépolo, *Cambalache*, dont certaines expressions sont passées dans le langage courant (traduction d'André Vagnon). (NdT)

que nous portons des ponchos, mais parce que le drame que nous raconte l'auteur, José Hernández, se situe dans une histoire réelle, dont le déroulement nous a menés jusqu'ici. Les hommes et les femmes de ce récit ont vécu sur cette terre, et leurs décisions, leurs productions et leurs idéaux ont façonné la réalité dont nous faisons partie, celle qui aujourd'hui nous affecte directement. Précisément, cette « productivité », ces « effets », cette capacité de se situer dans la dynamique réelle de l'histoire, est ce qui fait de *Martín Fierro* un « poème national ». Et pas la guitare, l'attaque des Indiens ni la *payada* [1].

Il faut ici en appeler à la conscience. Nous, les Argentins, avons une dangereuse tendance à penser que tout commence aujourd'hui, à oublier que rien ne tombe du ciel comme un météorite. Ça, c'est déjà un problème : si nous n'apprenons pas à reconnaître et à assumer les erreurs et les réussites du passé, qui sont à l'origine des bienfaits et des maux du présent, nous serons condamnés à l'éternelle répétition du même, qui – en réalité – n'est pas du tout éternelle car la corde ne peut s'étirer que jusqu'à un certain point… Mais ce n'est pas tout : si nous coupons la relation avec le passé, nous ferons la même chose avec le futur. Nous pouvons déjà commencer par regarder autour de nous… et en nous. N'y a-t-il pas eu une négation du futur, un

1. Chanson rimée improvisée, accompagnée à la guitare. En duo, elle prend la forme d'un duel chanté. (NdT)

manque absolu de responsabilité de la part des générations précédentes, dans la légèreté avec laquelle ont été traités les institutions, les biens et même les personnes de notre pays ?

Ce qui est sûr, c'est que nous sommes des personnes inscrites dans histoire. Nous vivons dans le temps et dans l'espace. Chaque génération a besoin des précédentes et se doit à celles qui la suivent. Dans une large mesure, être une nation c'est cela : se considérer comme les continuateurs de la tâche d'hommes et femmes qui ont déjà donné leur part, et comme les bâtisseurs d'un espace commun, d'une maison, pour ceux qui viendront après.

La lecture de *Martín Fierro* peut nous aider, en tant que citoyens « globaux », à « atterrir » et à « borner » cette « globalité », en reconnaissant les bientfaits des gens qui ont construit notre nation, en nous appropriant la marche de notre peuple.

3. Être un peuple suppose, avant tout, une attitude éthique, qui naît de la liberté

Face à la crise, il est de nouveau nécessaire de répondre à la question de fond : sur quoi se fonde ce que nous appelons le « lien social » ? Ce que nous croyons en danger de se perdre, qu'est-ce que c'est, en définitive ? Qu'est-ce qui me « lie », me « rattache », à d'autres personnes dans un lieu déterminé, au point de partager un même destin ?

Permettez-moi d'avancer la réponse : il s'agit d'une question éthique. Le fondement de la relation entre la morale et le social se trouve, justement, dans cet espace (si fuyant par ailleurs) où l'homme est homme dans la société ; animal politique, comme diraient Aristote et toute la tradition républicaine classique. Et c'est la nature sociale de l'homme qui fonde la possibilité d'un contrat entre des individus libres, comme le propose la tradition démocratique libérale (mais traditions républicaine et démocratique sont souvent opposées, comme le démontre une foule d'affrontements dans notre histoire). Par conséquent, envisager la crise comme un problème moral suppose la nécessité de revenir aux valeurs humaines, universelles, que Dieu a semées dans le cœur de l'homme, et qui mûrissent avec le développement personnel et communautaire. Lorsque nous, évêques, répétons inlassablement que la crise est fondamentalement morale, il ne s'agit pas d'agiter un moralisme de bazar, une réduction du politique, du social et de l'économique à une question individuelle de la conscience. Il ne s'agit pas de « faire la morale ».

Nous ne tentons pas par là d'« apporter de l'eau à notre moulin » (puisque la conscience et la morale sont un des champs de compétence propres de l'Église), mais de souligner les valeurs collectives qui s'expriment dans des attitudes, des actions et des processus de type historico-politique et social.

Les actes libres des êtres humains, outre leur poids lié à la responsabilité individuelle, ont des conséquences de grande portée : ils génèrent des structures qui persistent dans le temps, diffusent un climat dans lequel certaines valeurs peuvent occuper une place centrale pour la vie publique ou rester en marge de la culture en vigueur. Cela aussi appartient au domaine moral. C'est pourquoi nous devons retrouver la façon particulière que nous avons créée, dans notre histoire, de vivre ensemble, de former une communauté.

Reprenons le poème de ce point de vue. Comme tout récit populaire, *Martín Fierro* commence par une description du « paradis originel ». Il dépeint une réalité idyllique, dans laquelle le *gaucho* vit au rythme tranquille de la nature, entouré par ceux qu'il aime, travaillant avec joie et habileté, se divertissant avec ses compagnons, intégré dans un mode de vie simple et humain. Que propose cette scène ?

Tout d'abord, l'auteur n'est pas animé par une sorte de nostalgie du « paradis perdu du *gaucho* ». C'est un procédé littéraire qui consiste à dépeindre une situation idéale dans les premières lignes. La valeur à créer n'est pas derrière nous, dans l'« origine », mais devant, dans le projet. Dans l'origine se trouvent la dignité du fils de Dieu, la vocation, l'appel à créer un projet.

Il s'agit de « mettre la fin au début » (idée, par ailleurs, profondément biblique et chrétienne). La direction que nous donnons à notre vivre-ensemble a à voir avec le type de société que nous voulons former : le *telos*. C'est là qu'est la clé du caractère d'un peuple. Cela ne signifie pas ignorer les éléments biologiques, psychologiques et psychosociaux qui influent dans le champ de nos décisions. Nous ne pouvons éviter de prendre en charge (dans le sens négatif de limites, conditionnements, poids, mais aussi dans le sens positif d'emporter, d'incorporer, d'ajouter, d'intégrer) l'héritage reçu, les conduites, les choix et les valeurs qui se sont constitués au fil du temps. Mais une perspective chrétienne (et c'est l'un des apports du christianisme à l'humanité dans son ensemble) sait valoriser aussi bien ce qui est « donné », ce qui est déjà dans l'homme et ne peut être autrement, que ce qui surgit de sa liberté, de son ouverture à la nouveauté ; en somme, de son esprit comme dimension transcendante, en accord, toujours, avec la virtualité de ce qui est « donné ».

Cela étant, les conditionnements de la société et la forme qu'ils ont acquise, de même que les découvertes et les créations de l'esprit visant à l'élargissement continuel de l'horizon de l'humain, joints à la loi naturelle innée de notre conscience, se mettent en œuvre et se réalisent concrètement dans le temps et l'espace : dans une communauté tangible, qui partage une terre, se propose des objectifs communs, crée une façon propre d'être humain, de cultiver ensemble les liens multiples noués au cours de tant d'expériences partagées, de choix, de décisions et d'événements. Ainsi se façonne une éthique commune et l'ouverture vers un destin de plénitude qui définit l'homme comme être spirituel.

Cette éthique commune, cette « dimension morale », est celle qui permet aux gens de se développer ensemble, sans se transformer en ennemis. Prenons l'exemple d'un pèlerinage : quitter un lieu et se diriger vers une même destination permet à la colonne de se maintenir en tant que telle, au-delà du rythme ou du pas différent de chaque groupe ou individu.

Résumons maintenant cette idée. Qu'est-ce qui fait qu'un certain nombre de personnes forment un peuple ? En premier lieu, une loi naturelle, et un héritage. En second lieu, un facteur psychologique : l'homme se fait homme (chaque individu ou l'espèce dans son évolution) dans la communication, la relation, l'amour de ses semblables. Dans la parole et l'amour. Et en troisième lieu, ces facteurs biologiques et psycho-évolutifs s'actualisent, se mettent réellement en œuvre, dans nos attitudes libres, la volonté d'établir des liens avec les autres d'une façon déterminée, de construire sa vie avec ses semblables dans un éventail de choix et de pratiques partagés (saint Augustin définissait le peuple comme « un ensemble d'êtres rationnels associés par la communauté des objets aimés »).

Le « naturel » croît en « culturel », en « éthique » ; l'instinct grégaire acquiert une forme humaine dans le libre choix d'être un « nous ». Choix qui, comme toute action humaine, tend ensuite à devenir une habitude (au meilleur sens du terme), à générer un sentiment qui s'enracine et à produire des institutions historiques, au point que chacun de nous vient à ce monde au sein d'une communauté déjà constituée (la famille, la « patrie ») sans que cela nie la liberté responsable de chaque personne. Le tout a un fondement solide dans les valeurs que Dieu a imprimées à notre nature humaine, dans le souffle divin qui nous anime de l'intérieur et nous faits fils de Dieu. Cette loi naturelle qui nous a été offerte et qui a été imprimée en nous afin qu' « elle se consolide à travers les âges, se développe au cours des années et croisse avec le passage du temps. » [1] Cette loi naturelle, qui – tout au long de l'histoire et de la vie – doit se consolider, se développer et croître, est celle qui nous sauve de ce qu'on appelle le relativisme des valeurs « consensualisées ». Les valeurs ne peuvent pas se « consensualiser » : simplement, elles sont.

Dans le jeu accommodant de la « consensualisation » des valeurs, on court toujours le risque – annoncé – de « niveler par le bas ». On ne construit plus sur du solide, on entre dans la violence de la dégradation. Quelqu'un a dit que notre civilisation, outre qu'elle est une civilisation du rebut, est une civilisation « biodégradable ».

Pour revenir à notre poème : *Martín Fierro* n'est pas la Bible, évidemment. Mais c'est un texte dans lequel, pour diverses raisons, nous les Argentins avons pu nous reconnaître, un support pour nous raconter quelque chose de notre histoire et nous permettre de rêver à notre avenir :

J'ai bien connu ces campagnes
où vivait le paysan.
Il avait son petit ranch,
ses enfants et sa compagne.
C'était bon de voir comment
il savait passer son temps. [2]

---

1. Voir saint Vincent de Lérins, *Commonitoire*, chap. 23.
2. Les traductions de *Martín Fierro* sont de Paul Verdevoye, éditions Nagel, Paris, 1955.

Voilà donc la « situation initiale » à partir de laquelle se déclenche le drame. *Martín Fierro* est, avant tout, un poème inclusif. Tout sera ensuite bouleversé par une sorte de revirement du destin, incarné, entre autres, par le Juge, le Maire et le Colonel. Nous soupçonnons que ce conflit n'est pas simplement littéraire. Qu'y a-t-il donc derrière le texte ?

Martín Fierro, *poème « inclusif »*

1. Un pays moderne, mais pour tous

Martín Fierro n'est pas seulement un « poème épique, mais une œuvre de dénonciation, dotée d'une intention claire : s'opposer à la politique officielle et proposer l'inclusion du *gaucho* dans le pays qui est en train de se construire :

> Ce malheureux orphelin
> est le rebut du destin ;
> nul ne prend à cœur, ma foi,
> la défense de ce créole.
> Il devrait avoir : école,
> maison, église et des droits

Martín Fierro a pris vie au-delà de l'intention de l'auteur, se convertissant en prototype de l'homme poursuivi par un système injuste et exclusif. Dans les vers du poème s'est incarnée une certaine sagesse populaire liée à l'environnement de la pampa, de sorte que

Fierro n'incarne pas seulement la possibilité de promouvoir une main-d'œuvre bon marché, mais la dignité même de l'homme sur sa terre, prenant en charge son destin à travers le travail, l'amour, la fête et la fraternité.

À partir de là, nous pouvons commencer à avancer dans notre réflexion. Il nous faut savoir sur quoi faire reposer l'espérance, d'où reconstruire les liens sociaux qui se sont vus si malmenés ces derniers temps. En 2001, le *cacerolazo* [1] était comme une étincelle autodéfensive, spontanée et populaire (quoique forcer sa répétition dans le temps lui ferait perdre la tonalité de son contenu original).

Nous savons que taper sur des casseroles n'a pas suffi : aujourd'hui, le plus urgent c'est d'avoir de quoi les remplir. Nous devons reconstruire, de façon organisée et créative, le rôle d'acteur auquel nous n'aurions jamais dû renoncer. Par conséquent, nous ne pouvons pas non plus pratiquer la politique de l'autruche en laissant les dirigeants faire et défaire. Et nous ne le pouvons pas pour deux raisons : parce que nous avons vu ce qui se passe quand le pouvoir politique et économique se détache des gens. Et parce que la reconstruction n'est pas la tâche de quelques-uns mais de tous, de même que l'Argentine n'est pas seulement la classe dirigeante mais chacun de ceux qui vivent dans cette partie de la planète.

1. Le terme renvoie aux manifestations de 2001, lors desquelles les gens tapaient sur des casseroles. (NdT)

Alors, quoi ? Je pense que le contexte historique de *Martín Fierro* est significatif : une société en formation, un projet qui exclut un important secteur de la population, en le condamnant à la condition d'orphelin et à la disparition, et une proposition d'intégration. Ne sommes-nous pas aujourd'hui dans une situation similaire ? Ne subissons-nous pas les conséquences d'un modèle de pays armé autour d'intérêts économiques déterminés, excluant les majorités, générateur de pauvreté et de marginalisation, tolérant envers tout type de corruption tant que les intérêts du pouvoir le plus concentré ne sont pas affectés ? Ne faisons-nous pas partie de ce système pervers, en acceptant, partiellement, ses principes tant qu'ils ne touchent pas à notre porte-monnaie, en fermant les yeux devant ceux qui se retrouvent peu à peu dehors, laminés par le rouleau compresseur de l'injustice, jusqu'à ce que celle-ci, pratiquement, nous expulse tous ?

Nous devons élaborer un programme économique et social, mais fondamentalement, un projet politique dans son sens le plus large.

Quel type de société voulons-nous ? *Martín Fierro* oriente notre regard, notre vocation comme peuple, comme nation. Il nous invite à donner forme à notre désir d'une société où tous auront leur place : le commerçant portègne, le *gaucho* du littoral, le berger du Nord, l'artisan du Nord-Ouest, l'aborigène et l'immigrant, dans la mesure où aucun d'entre eux ne voudra tout pour lui tout seul, en expulsant l'autre de sa terre.

2. Le *gaucho* doit avoir une école…

Pendant des décennies, l'école fut un important moyen d'intégration sociale et nationale. Le fils du *gaucho*, le migrant de l'intérieur, qui arrivait à la ville, et même l'étranger, qui débarquait sur cette terre, trouvaient, dans l'éducation élémentaire, les éléments qui leur permirent de surmonter la particularité de leur origine pour chercher une place dans la construction commune d'un projet.

Aujourd'hui aussi, grâce à la pluralité des propositions éducatives, nous devons tout miser sur l'éducation.

Ces derniers temps, et guidée par une idée du pays qui ne se préoccupait plus guère d'inclure tout le monde et qui n'était même pas capable de se projeter dans le futur, l'instance éducative a vu décliner son prestige, diminuer ses appuis et ses recours, et s'affaiblir sa place au cœur de la société. L'expression familière d'« école shopping » ne vise pas seulement à critiquer certaines initiatives. Elle dénonce une conception où la société est un marché et rien d'autre, où l'école a la même place que toute entreprise lucrative. Nous ne devons jamais oublier que ce n'était pas là l'idée que cherchait à développer notre système éducatif et que, avec des erreurs et des réussites, certes, il a contribué à la formation d'une communauté nationale.

Sur ce point, l'apport des chrétiens, depuis des siècles, a été inégalable. Je n'ai pas l'intention ici d'entrer dans des polémiques et des distinctions qui consomment beaucoup d'énergie. Simplement, je voudrais attirer l'attention de tous et, en particulier, des éducateurs catholiques, sur la tâche extrêmement importante que nous avons entre les mains.

Méprisée, dévaluée et même attaquée par beaucoup, la tâche quotidienne de tous ceux qui font fonctionner les écoles, affrontant des difficultés de toute sorte, avec de bas salaires et en donnant bien plus qu'ils ne reçoivent, continue d'être un des meilleurs exemples de ce sur quoi il faut de nouveau miser, une fois de plus : l'engagement personnel dans le projet d'un pays pour tous. Projet qui, depuis la sphère éducative, religieuse ou sociale, devient politique au sens le plus élevé du terme : la construction de la communauté.

Ce projet politique d'intégration n'est pas la tâche du seul parti gouvernant, ni même de la classe dirigeante dans son ensemble, mais de chacun d'entre nous. Le « temps nouveau » s'invente dans la vie concrète et quotidienne de chaque membre de la nation, dans chaque décision qu'il prend face à son prochain, face à ses propres responsabilités, dans les petites choses et les grandes, à plus forte raison au sein des familles et dans notre quotidienneté scolaire ou professionnelle.

Néanmoins, si Dieu le veut,
tout cela peut aller mieux.
Mais il faut se rappeler,
pour qu'on ait des résultats,
que le feu, pour bien chauffer,
doit s'allumer par en bas.

Ces vers méritent une réflexion plus complète.

Martín Fierro, *abrégé d'éthique civique*

Sans doute n'échappait-il pas non plus à José Hernández, l'auteur de *Martín Fierro*, que les « vrais » *gauchos*, ceux de chair et d'os, n'allaient pas se comporter comme des « fils de bonne famille anglais » dans la « nouvelle société à inventer ».

Procédant d'une autre culture, sans clôture, habitués à des années de résistance et de lutte, étrangers dans un monde qui se construisait avec des paramètres très différents des leurs, ils allaient devoir, eux aussi, faire un réel effort pour s'intégrer, une fois qu'on leur ouvrirait les portes.

1. Les recours de la culture populaire

La seconde partie de notre « poème national » se veut une sorte de « manuel de vertus civiques » du *gaucho*, une clé pour que le *gaucho* s'intègre dans la nouvelle organisation nationale.

> Vous devez avoir confiance
> dans ce que ma langue avance.
> Comprenez ce que je dis,
> nulle cupidité ne me souille :
> pas de ranch que la pluie mouille
> où mon livre sera mis.

Martín Fierro est rempli des éléments de culture populaire dont Hernández lui-même s'était nourri depuis son plus jeune âge, éléments qui, alliés à la défense de certains droits concrets et immédiats, lui valurent très vite une forte approbation. Plus encore : avec le temps, des générations et des générations d'Argentins ont relu *Fierro*... et l'ont réécrit, exprimant avec ses mots leurs combats, leurs attentes, leurs quêtes, leurs souffrances... *Martín Fierro* a fini par représenter un pays déterminé, fraternel, amoureux de la justice, indomptable. C'est pourquoi aujourd'hui encore il a quelque chose à dire. C'est pourquoi ces « conseils » pour « domestiquer » le *gaucho* ont largement dépassé leur signification d'origine et sont encore un miroir de vertus civiques, et non pas abstraites, mais profondément incarnées dans notre histoire. C'est à ces vertus et à ces valeurs que nous allons à présent prêter attention.

2. Les conseils de *Martín Fierro*

Je vous invite encore à relire ce poème. Faites-le non pas guidés par le seul intérêt littéraire mais en vous laissant imprégner par la sagesse de notre peuple, qui a façonné cette œuvre singulière. Au-delà des mots, au-delà de l'histoire, vous verrez que ce qui continue à vibrer en nous est une espèce d'émotion, un désir de tordre le cou à toute injustice et à tout mensonge, et de continuer à construire une histoire de solidarité et de fraternité, sur une terre commune où nous pouvons tous grandir en tant qu'êtres humains. Une communauté où la liberté ne soit pas un prétexte pour manquer à la justice, où la loi n'oblige pas seulement le pauvre, où tout le monde a sa place. J'espère que vous ressentirez la même chose que moi : que ce n'est pas un livre qui parle du passé mais plutôt du futur que nous pouvons construire. Je ne vais pas prolonger ce message – déjà très long – en développant toutes les valeurs que Hernández met dans la bouche de Fierro et d'autres personnages du poème. Je vous invite à les approfondir, à travers la réflexion et, pourquoi pas, un dialogue dans chacune de nos communautés éducatives. Je ne présenterai ici que quelques-unes des idées que nous pouvons en dégager, parmi bien d'autres.

2.1. Prudence ou « coquinerie » [1] : agir pour la vérité et le bien… ou par convenance personnelle.

L'astuce vient à l'homme de naissance
et doit lui servir de guide ;
sans elle, il perdrait la vie.
Mais, selon mon expérience,
elle devient chez l'un prudence,
chez l'autre coquinerie.

Y'a des gens qui de leur science
ont le crâne empli comme un livre,
des savants de tous calibres ;
mais moi, dans mon ignorance,
je dis que la qualité
vaut mieux que la quantité.

---

1. Le terme espagnol *picardía*, qualité du *pícaro*, est un mélange – à dosage variable – d'astuce, d'espièglerie, de friponnerie, de rouerie et d'opportunisme. (NdT)

Point de départ : « prudence » et « coquinerie » sont deux façons d'organiser les dons propres et l'expérience acquise. D'un côté, un agir adéquat, conforme à la vérité et au bien possibles ici et maintenant, de l'autre, l'éternelle manipulation d'informations, de situations et d'interactions dans son propre intérêt.

Simple accumulation de science (utilisable à n'importe quelle fin) ou véritable sagesse, qui inclut le « savoir » dans son double sens, connaître et savourer, et qui est guidé autant par la vérité que par le bien. « Tout m'est permis, mais tout ne me convient pas », dirait saint Paul. Pourquoi ? Parce que, outre mes besoins, mes désirs et mes choix, il y a ceux de l'autre. Et ce qui satisfait l'un au détriment de l'autre finit par détruire l'un et l'autre.

2.2. La hiérarchie des valeurs et l'éthique de la réussite du « gagnant »

La peur, la cupidité
ne doivent pas vous assaillir ;
n'allez pas vous tourmenter
pour des biens qui vont périr.
N'allez pas au riche offrir,
ni au pauvre refuser.

Loin de nous inviter à un mépris des biens matériels en tant que tels, la sagesse populaire qui s'exprime dans ces mots considère les biens périssables comme un moyen, un outil qui permet l'épanouissement de la personne à un plus haut niveau. C'est pourquoi elle prescrit de ne pas offrir au riche (comportement intéressé et servile que recommanderait en revanche la « coquinerie » du vieux Vizcacha) et ne pas lésiner avec le pauvre (qui, lui, a besoin de nous et, comme dit l'Évangile, n'a rien pour nous payer). La société humaine ne peut pas être une « loi de la jungle » dans laquelle chacun tente de saisir ce qu'il peut, coûte que coûte. Et nous savons pour notre malheur, qu'il n'existe aucun mécanisme « automatique » qui puisse assurer l'équité et la justice. Seul un choix éthique converti en pratiques concrètes, avec des moyens efficaces, peut empêcher que l'homme soit un loup pour l'homme. Ce qui revient à postuler un ordre de valeurs qui est plus important que l'appât du gain et, par conséquent, un type de biens supérieur aux biens matériels. Et nous ne parlons pas de questions qui exigent une croyance religieuse déterminée pour être comprises : nous nous référons à des principes tels que la dignité de la personne humaine, la solidarité, l'amour.

> Vous m'appelez votre Maître et votre Seigneur, et vous avez raison ; car je le suis.
>
> Si donc je vous ai lavé les pieds, moi qui suis votre Seigneur et votre Maître, vous devez aussi vous laver les pieds les uns aux autres.
>
> Car je vous ai donné l'exemple, afin que, pensant à ce que je vous ai fait, vous fassiez aussi de même.
>
> Jean 13,13-15 [1]

1. La traduction des fragments bibliques est celle de Louis-Isaac Lemaître de Sacy, éditions Robert Laffont, coll. Bouquins, 1990.

Une communauté qui cesse de se mettre à genoux devant la richesse, le succès et le prestige et qui soit capable, au contraire, de laver les pieds des humbles et des nécessiteux sera plus en accord avec cet enseignement que l'éthique du « gagnant » (à n'importe quel prix) que nous avons malheureusement adoptée.

2.3. Le travail et le genre de personne que nous voulons être

Le travail est loi sur terre
car il faut que l'on acquière.
N'allez pas subir la gêne
d'une pénible extrémité ;
car celui qui doit mendier
a vraiment le cœur qui saigne.

Les commentaires sont-ils nécessaires ? L'histoire de notre peuple est marquée au fer rouge par le sens de la dignité du travail et du travailleur. Qu'y a-t-il de plus humiliant que la condamnation à ne pas pouvoir gagner son pain ? Y a-t-il pire façon de décréter l'inutilité et l'inexistence d'un être humain ? Une société qui accepte une telle iniquité en s'abritant derrière d'abstraites considérations techniques peut-elle être le chemin pour l'épanouissement de l'être humain ?

Hélas, cette idée, que nous approuvons tous haut et fort, ne s'incarne jamais. Non seulement à cause des conditions objectives qui génèrent le manque d'emploi actuel (conditions qui, n'oublions pas de le dire, ont leur origine dans une façon d'organiser le vivre-ensemble qui place le profit au-dessus de la justice et du droit), mais aussi à cause d'une mentalité et d'une « roublardise » qui a fini par faire partie de notre nature. « Se débrouiller », « s'en tirer »... de la façon la plus directe et la plus facile. « L'argent génère l'argent »... « personne n'est devenu riche en travaillant » : autant de croyances qui ont nourri une culture de la corruption liée à ces « raccourcis » avec lesquels beaucoup tentent de se soustraire à la loi de gagner son pain à la sueur de son front.

2.4. L'aide urgente aux plus faibles

La cigogne, sur ses vieux jours,
perd la vue ; avec amour
s'empressent tous ses petiots
pour soulager sa vieillesse.
Apprenez des cigogneaux
cet exemple de tendresse.

Dans l'éthique des « gagnants », ce qui est considéré comme inutilisable se jette. C'est la civilisation du « rebut ». Dans l'éthique d'une véritable communauté humaine, et de ce pays que nous voudrions avoir et que nous pouvons construire, tout être humain est précieux, dont les plus âgés, pour de nombreuses raisons : le devoir de respect filial déjà présent dans le Décalogue biblique ; l'incontestable droit à se reposer au sein de sa communauté qu'a gagné celui qui a vécu, souffert et donné de lui-même ; tout ce que lui seul peut encore apporter à sa société, puisque, comme le dit Martín

Fierro lui-même, *c'est de la bouche du vieillard/ que sortent les vérités.*

Il ne faut pas attendre que le système de sécurité sociale actuellement détruit par les déprédations se reconstitue : entre-temps, d'innombrables gestes et actions d'aide aux personnes âgées sont à portée de main avec un minimum de créativité et de bonne volonté. Et de la même façon, nous ne pouvons pas ne pas repenser les possibilités concrètes d'agir pour les enfants, les malades, et tous ceux qui souffrent pour diverses raisons. La conviction qu'il existe des questions « structurelles », qui ont à voir avec la société dans son ensemble et avec l'État lui-même, ne doit en aucune façon nous exempter d'un geste personnel, si modeste soit-il.

2.5. Plus jamais le vol, l'usure et le « ne te mêle pas de ça »

L'oiseau qui a le bec recourbé,
il adore dérober.
Pourtant l'homme judicieux
jamais il ne vole un sou :
être pauvre n'est pas honteux,
mais honteux d'être filou.

L'Argentine est peut-être le pays où cet enseignement a été parmi les plus négligés. Outre cet appel à ne permetre ni le vol, ni l'usure, nous devrions agir de façon plus déterminée et positive. Par exemple, nous demander non seulement ce que nous devons prendre ou non des cultures étrangères, mais surtout ce que nous pouvons apporter. Comment formuler l'idée que l'indifférence, l'individualisme, le fait de soustraire (voler) son apport personnel à la société pour s'en tenir à la logique du « chacun pour soi », est aussi une « honte » ?

> Mais cet homme, voulant faire paraître qu'il était juste, dit à Jésus : Et qui est mon prochain ?
>
> Et Jésus, prenant la parole, lui dit : Un homme, qui descendait de Jérusalem à Jéricho, tomba entre les mains des voleurs qui le dépouillèrent, le couvrirent de plaies, et s'en allèrent, le laissant à demi mort.
>
> Il arriva ensuite qu'un prêtre descendait par le même chemin, lequel l'ayant aperçu, passa outre.
>
> Un lévite qui vint aussi au même lieu, l'ayant considéré, passa outre encore.
>
> Mais un Samaritain, passant son chemin, vint à l'endroit où était cet homme ; et l'ayant vu, il en fut touché de compassion :
>
> Il s'approcha donc de lui, il versa de l'huile et du vin dans ses plaies, et les banda ; et, l'ayant mis sur son cheval, il l'amena dans l'hôtellerie, et eut soin de lui.
>
> Le lendemain il tira deux deniers, qu'il donna à l'hôte, et lui dit : Ayez bien soin de cet homme ; et tout ce que vous dépenserez de plus, je vous le rendrai à mon retour.
>
> Lequel de ces trois vous semble-t-il avoir été le prochain de celui qui tomba entre les mains des voleurs ?
>
> Le docteur lui répondit : Celui qui a exercé la miséricorde envers lui. Allez donc, lui dit Jésus, et faites de même.
>
> Luc 10, 29-37

2.6. Mots vains, mots vrais

Tâchez, si vous êtes chanteurs,
de faire chanter votre cœur.
N'accordez pas l'instrument
que pour le plaisir de parler ;
habituez-vous à chanter
ce qui a du fondement.

Communication, hypercommunication, incommunication. Que de mots « en trop » ! Que de bavardages, de diffamations, de calomnies ! Quelle superficialité, quelle banalité, quelle perte de temps ! Ce don merveilleux, comme la capacité de communiquer des idées et des sentiments, nous ne savons pas le valoriser ni le mettre à profit dans toute sa richesse.

Ne pourrions-nous pas nous proposer d'éviter tout « chant » qui ne soit que « pour le plaisir de parler » ? Nous serait-il possible, en particulier à nous qui avons la mission d'enseigner, de parler, de communiquer, d'être plus attentifs à ce que nous disons en trop et à ce que nous ne disons pas assez ?

Conclusion : parole et amitié

Pour finir, je voudrais citer cette strophe qui traduit si bien le commandement de l'amour dans les circonstances difficiles que vit notre pays. Cette strophe qui s'est convertie en devise, en programme, en consigne, mais dont nous devons toujours nous souvenir :

Que les frères soient unis,
car telle est la première loi.
Qu'à tout moment chacun soit
pour l'autre un réel ami ;
s'ils se disputent, alors
les mangent ceux du dehors.

Nous traversons un moment crucial pour notre patrie. Crucial et fondateur : pour cette raison même, plein d'espérance. L'espérance est aussi éloignée de la facilité que de la pusillanimité. Elle exige le meilleur de nous-mêmes afin de construire ce qui nous est commun, ce qui rend possible un peuple.

Avec ces réflexions j'ai voulu réveiller un désir : celui de mettre la main à la pâte, animés et éclairés par notre propre histoire, celui de ne pas laisser tomber le rêve d'une patrie de frères qui a guidé tant d'hommes et de femmes sur cette terre.

Que diront de nous les générations à venir ? Serons-nous à la hauteur des défis qui se présentent ? Pourquoi pas ? Voilà la réponse.

Sans grandiloquence, sans messianisme, sans certitudes impossibles, il s'agit d'explorer à nouveau et avec courage nos idéaux, ceux qui nous ont guidés dans notre histoire, et de commencer, dès maintenant, à mettre en marche d'autres possibilités, d'autres valeurs, d'autres conduites.

En guise de synthèse, il me vient à l'esprit un dernier vers de *Martín Fierro*, que je citerai, un vers que Hernández met dans la bouche du fils aîné du *gaucho* qui réfléchit, non sans amertume, depuis la prison :

Je dis, dans mon ignorance :
des richesses en abondance
dont sa Divine Majesté
a gratifié l'homme fier,
la parole est la première,
la seconde est l'amitié.

La parole établit entre nous une communication et un lien en nous faisant partager idées et sentiments, pourvu que nous parlions en vérité, toujours, sans exceptions. L'amitié, y compris l'amitié sociale et le « long bras » de la justice, constitue le plus grand trésor, ce bien qu'on ne peut sacrifier à aucun autre, ce sur quoi l'on doit veiller par-dessus tout.

Parole et amitié : « Et le Verbe a été fait chair, et il a habité parmi nous. » (Jean 1, 14). La parole n'a pas fait bande à part ; elle est devenue notre amie. « Personne ne peut avoir un plus grand amour que de donner sa vie pour ses amis./ Vous êtes mes amis, si vous faites les choses que je vous commande. / Je ne vous appelerai plus serviteurs, parce que le serviteur ne sait ce que fait son maître ; mais je vous ai appelés mes amis, parce que je vous ai fait savoir tout ce que j'ai appris de mon Père. » (Jean 15, 13-15). Si nous commençons, aujourd'hui même, à valoriser ces deux biens, l'histoire de notre pays peut être autre.

Concluons en confiant nos vœux aux mains du Seigneur, avec la prière pour la patrie que nous ont offerte les évêques argentins :

Jésus-Christ, Seigneur de l'histoire, nous avons besoin de toi.
Nous nous sentons blessés et accablés.

Nous avons besoin de ta consolation et de ta force.
Nous voulons être une nation,
une nation dont l'identité soit la passion de la vérité
et l'engagement pour le bien commun.
Donne-nous le courage de la liberté des fils de Dieu,
pour aimer tout le monde, sans exclure personne,
en privilégiant les pauvres et en pardonnant à ceux
qui nous offensent,
en abhorrant la haine et en construisant la paix.

Accorde-nous la sagesse du dialogue et la
joie de l'espérance qui ne déçoit pas.
Tu nous convoques. Nous sommes là, Seigneur ;
près de Marie,
qui, de Luján, nous dit :
Argentine ! Chante et marche !
Jesus-Christ, Seigneur de l'histoire, nous avons besoin
de toi.
Amen.

Buenos Aires, Pâques 2002

Table

Mise en pages par Meta-systems
59100 Roubaix

CET OUVRAGE
A ÉTÉ ACHEVÉ D'IMPRIMER
SUR ROTO-PAGE
PAR L'IMPRIMERIE FLOCH
À MAYENNE EN AVRIL 2013

N° d'édition : L.01EHBN000633.N001. N° d'impression : 84680
Dépôt légal : avril 2013
Imprimé en France